뇌라도
섹시하게

뇌라도
섹시하게

뇌섹시대 마스터 이시한의 두뇌코칭

이시한 지음

다봄

가족들과 대만에 있을 때, tvN 제작진으로부터 새로운 형식의 퀴즈쇼를 기획하고 있다며 한 번 만나자는 연락이 왔다.

'퀴즈 쇼라……. 요즘에 뭐 새로운 게 있으려나!'

그런 생각을 하고 만났는데, 뜻밖에도 객관식 단답형 퀴즈가 아니라 정답이 없어 보이는 문제를 풀면서 그 사고의 과정을 보여주겠다는, 조금은 '이상한' 기획이었다.

사람들이 흔히 '머리가 좋다'는 말을 사용하지만 자세히 따져 보면 그 말은 '관점 전환 능력이 뛰어나다'의 의미에 가깝다는 게 평소 나의 생각이었다. 그런데 이 프로그램을 통해, 이 시대가 요구하는 인재의 특징으로 손꼽을 수 있는 '창의성', '통찰력', '문제해결력'이 무엇인지를 정면으로 보여줄 수 있겠다는 생각이 들었다. 그것도 다양한 사람들의 이야기를 통해 접근함으로써 사고를 확장해가는 효과까지 있었다.

　이 일을 계기로, 지난 십수 년간 내가 했던 작업들을 돌아보게 되었다.

　내가 가르쳤던 사람들은 현재 의사, 치과의사, 약사, 판사, 검사, 변호사, 고위공무원, 외교관, 대기업 사원이 되었다. 한마디로 우리 사회의 엘리트라고 불리는 사람들인데, 이들에게 내가 가르쳤던 것은 정보를 이해하고, 분석하고, 그것을 활용하여 새로운 생각을 만들어내는 방법론이었다. 그 과정에서 창의적인 마인드, 통찰력 있는 시각, 논리적인 문제해결력 등, 흔히 '인재'라는 말을 듣고 떠올리는 다양한 특징들에 대해 많은 생각을 하게 되었다. 가장 고민된 것은 '과연 이러한 특징들은 타고나는 것인가, 훈련으로 가능한 것인가'였다.

　그리고 마침내 결론을 얻었다. 통찰력, 창의성, 분석력, 문제해결력 등은 얼마든지 연습하고 훈련할 수 있다. 창의성의 예를 들자면, 천재의 창의성은 타고날 수밖에 없지만 인재의 창의성은 훈련으로 가능하다. 천재의 창의성은 판을 만드는 것이지만, 인재의 창의성은 판을 조금 흔드는 정도기 때문이다. 판을 뒤집어엎고 새로 만드는 천재의 창의성은 시대가 요구하는 것이요, 판을 조금 발전시키는 정도인 인재의 창의성은 사회가 요구하는 것이다. 따라서 '실패한 천재', '불행하게 살다간 천재'라는 말은 쉽게 찾아 볼 수 있을지 몰라도 '실패한 인재'라는 말은 없다. 천재는 100년에 한 번 정도 필요하고, 판을 조금씩 바꾸며 점진적인 발전을 이끄는 인재는 이 시대가 늘 원하고 있다.

천재는 타고나는 것이지만 인재는 만들어진다. 사회에서 원하는 통찰력, 창의성, 분석력, 문제해결력 등을 구체적으로 파악한 다음 그에 맞는 훈련과 연습을 통해 능력을 향상시킬 수 있다. 많은 사람들이 '창의력이 필요하고 통찰력이 요구되는 시대'라고 말한다. 그러나 막상 '창의력은 무엇이며 통찰력은 어떻게 기르는가?'라고 구체적으로 질문하면 '책을 많이 보고, 생각을 많이 하라' 정도로 두루뭉술한 답변을 내놓는다. 하지만 우리에게 정말로 필요한 것은 보다 구체적이고 실제적인 방법이다.

이 책이 그에 대한 구체적인 답을 줄 것이다. 사실 이런 얘기들은 어렵고 딱딱하기 쉬운데, 나는 개인적으로 쉽고 재미있게 배우는 것을 선호한다. 《뇌라도 섹시하게》는 마침 그런 콘셉트로 만들어질 수 있어서 다행이다.

책이 세상에 나오기까지 도와주신 모든 분들께 감사드린다. 한님, 한나, 한이 우리 가족들, 부모님, 이 책의 모티브를 제공한 tvN 예능 프로그램의 제작진과 출연진 여러분들, 책을 끝까지 책임지고 만들어주신 박종례 실장님, 멋진 책으로 디자인해준 김미성 실장님, 항상 친절하게 마감을 독촉해준 이정은 편집장님, 다봄 출판사 여러분들, 그리고 그동안 나를 만나고 필요한 것을 배워서 지금은 사회의 엘리트로 곳곳에서 활약하고 있는 10여만 명의 제자들 모두가 이 책을 만든 사람들이다. 다 감사드린다.

2015년 9월
부암동에서 이시한

차 례

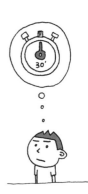

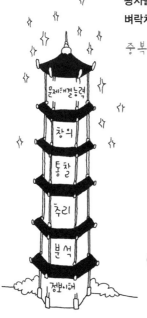

제 5 장

섹시한 뇌의 최종 보스

: 문제해결력 209

문제해결력만 있으면 만사 OK! 216
어떤 문제가 생길 것인가 218
왜 이런 문제가 생긴 것인가 220
합리적 해결책은 무엇인가 222
스마트함의 종합선물세트 224

제3부.

섹시한 뇌를 위한 훈련

학교에서의 능력자와 사회에서의 능력자가 같지 않다는 사실은 명명백백하다. '공부 잘하는 사람'이 사회에서 인정받는 '뇌가 섹시한 사람' 혹은 '스마트한 사람'은 아니라는 것은 경험적 진실이다. 명문대 나온 멍청한 사람도 존재하고, 대학 안 나온 똑똑한 사람도 존재한다. 시험 잘 보고, 성적 좋은 사람이 반드시 머리 좋은 사람은 아니라는 말이다.

제1부

섹시한
뇌의 정체

전교 1등 출신 백수의 슬픈 진실

오랜만에 나간 동창회의 가장 큰 재미는 30초 인생극장이다. 학창 시절까지만 알고 있던 한 인물의 이후 인생사를 30초 안에 요약해서 들을 수 있는 것이다. '3반의 그 찌질이'는 요즘 뭐하는지, '전교 1등 하던 그애'가 왜 잘 안 풀렸는지, '농구할 때 죽어라 리바운드만 하던 그 삼각형 머리 친구'가 어떻게 대박이 났는지가 동창회의 처음부터 끝까지를 채운다. 재미있는 것은 여기에 반전이 많다는 것이다. 찌질한 애가 대박이 났으며, 전교 1등이 백수로 지낸다는, 처음과 끝이 다른 이야기들은 동창회의 가장 흔한 안주이자 재미다.

학창시절 잘나갔던 친구들은 주로 공부를 잘한다는 전제를

16

17

깔고 있다. 스키장에서는 스키 잘 타는 친구가 가장 멋있고, 술집에서는 술 잘 마시는 친구가 가장 멋있듯이, 학교에서는 일단 공부 잘하는 것이 모든 권력의 핵심이었기 때문이다. 그런데 반전 스토리가 많다는 것은 학창시절 한가락했던 공부가 사회적 성공과 직접 연결되지는 않았다는 말이다. 학교 성적이 사회생활 성적과 '비례관계다', '반비례관계다'라고 정량적으로 따질 수는 없지만, 적어도 '성적＝성공'이라는 공식이 딱 들어맞지 않는다는 사실만은 분명한 것 같다.

그런데 사실 이런 공식이 들어맞지 않는 것은 이상한 일이다. 학교라는 곳이 '성공적인 사회생활을 위해 사람들 사이에서 생활하는 데 필요한 기초 인성을 배우고, 직업을 가지기 위해 필요한 지식을 배우는 과정을 효과적으로 이행하고자' 있는 것인데, 여기서 두각을 나타낸 아이들은 당연히 사회생활도 잘해야 하는 게 아닌가? 전교 1등이던 친구가 사회부적응자가 되어서 은둔형 외톨이로 지낸다는 이야기는, 마치 의대를 수석으로 졸업한 친구가 피만 보면 기절할 것 같아서, 그냥 동네에서 편의점을 운영하는 아버지 일을 도와주고 있다는 말과 뭐가 다른가?

이쯤 되면 한 가지 슬픈 추론을 할 수밖에 없다. 우리가 지금 학교에서 배우는 많은 것들이 사실은 사회생활을 하는 데 그다지 큰 필요가 없다는 것이다. 슈퍼마켓에서 물건 사고 거스름돈을 돌려받을 때 극한을 써서 총액을 맞춰보지 않듯이, 근의 공식을 실생활에 사용할 일은 거의 없다. 사실 삼각함수 실력을 요구하는 것은 사회가 아니라 대학교 입시다. 사회생활하면서 미분, 적분을 사용하는 사람이 0.005%나 될는지 모르겠다. 생물 시간에 배우는 DNA는? 국어 시간에 배우는 김소월의 시는? 사회에 나와 생활하는 데 필요한 것을 찾는다면, 우리가 학교에서 배우는 과목은 거의 쓸모없다는 면에서 '쓰레기'라는 극단적인 표현을 할 수 있을 정도다.

하지만 이런 생각은 좀 지나친 비약이다. 학교에서 배우는 과목이야말로 소양이고 인문의 기초며 과학의 초석이다. 학교에서 안 배우면 평생 배울 수 없는 지식들일 수 있으니, 인류의 지식 전달을 위해서라도 배워두는 것이 좋다.

진짜 문제는 지식의 유리遊離가 아니라, 지혜의 유리다. 사실 학교에서 우리가 배워야 하는 것은 지식이 아니다. 지식은 소재일 뿐이고, 그런 지식을 얻기 위해 필요한 추론의 방법, 그러니까 생각하고 배우는 방법 같은 것들을 익히는 일이 진짜 필요하다. 흔히들 얘기하는 '고기가 아니라, 고기 낚는 법을 배우는 것이 중요하다'는 말이다.

이와 마찬가지로 근의 공식 자체를 외우는 것이 중요한 게 아니다. 근의 공식을 이해하고 그것을 활용하여 여러 가지 상황에 적용하는 과정에서 추론력과 적용력이 생기는데, 이런 능력을 향상시키는 게 학교생활에서의 중요한 과제다. 낯선 원리를 배웠을 때 그것을 이해하고 적용하는 능력이 향상된다면, 사회생활에 도 많은 도움이 될 것이다.

우리나라 학교 시스템을 비판하고자 하는 것은 아니다(하지만 이렇게 말하는 사람은 보통 다 비판을 한다). 다만 우리 교육이 사회생활을 잘하는 사람을 만들어내는 데 적절치 않다는 얘기다. 다시 말해 '학교 성적 좋은 사람이 일머리도 좋다'라고 말할 수 없는 것이다. 학교에서의 능력자와 사회에서의 능력자가 같지 않다는 사실은 명명백백하다. '공부 잘하는 사람'이 사회에서 인정받는 '뇌가 섹시한 사람' 혹은 '스마트한 사람'은 아니라는 것은 경험적 진실이다. 명문대 나온 멍청한 사람도 존재하고, 대학 안나온 똑똑한 사람도 존재한다. 시험 잘 보고, 성적 좋은 사람이 반드시 머리 좋은 사람은 아니라는 말이다.

똑똑한 침팬지, 머리 나쁜 뉴턴?

'시험 잘 보고, 성적 좋은 사람이 반드시 머리 좋은 사람은 아니다'라고 말할 수 있는 중요한 이유 중의 하나는, 학교의 성적 테스트 방식이 객관식 지식 시험 형식이기 때문이다. 많은 인원을 한꺼번에 테스트할 때 가장 편한 방식은 종이 시험지를 이용한 객관식 문제다. 그래야 한꺼번에 많은 인원을 테스트할 수 있고 그나마 객관적일 수 있다.

그러다 보니 학교 시험은 무엇인가를 잘 외우는 사람에게 유리한 경향이 있었다. 이해를 통해 암기에 다다르는 것이 우등생의 특징이라지만, 결국 이들의 이해 또한 암기가 목적이다. 객관식 시험에서 점수를 따려면 이해를 했든 그냥 외웠든, 암기가 최종 목적이 되어야 하기 때문이다.

그런데 기억력이 좋은 것을 '머리가 좋다'고 말하는 경우가 가끔 있다. 어떤 다큐멘터리에서는 침팬지가 인간보다 기억력이 좋다는 실험에 대해 소개하면서 '인간보다 머리가 좋은 동물이 존재한다'는 카피를 내보내기도 했다. 일본 교토대학 영장류연구소에서 실험 연구하고 있는 침팬지 아유무는 0.5초라는 짧은 순간 동안 보여주는 숫자의 순서를 기억하는 '순간기억력'에서 뛰어난 능력을 발휘했다. 2007년에는 세계 기억력 챔피언인 벤 프리드모어Ben Pridmore와 기억력 대결을 벌여 이긴 적이 있다고 하는데, 순간기억력 대결에서 아유무는 90%의 정답률을 기록했지만 프리드모어는 33%의 정답률을 기록했다는 것이다.

침팬지 아유무에게 자주 사용되는 형용사 중 하나가 '똑똑한'이다. '똑똑한 동물', '똑똑한 침팬지'인데, 침팬지의 기억력이 일반적으로 뛰어나다면 침팬지는 사람보다 '똑똑한' 것인가? 침팬지가 그렇게 똑똑하다면 영화 〈혹성탈출〉에서처럼 반란을 일으킬지도 모른다. 그러므로 아유무에게 어울리는 수식어는 '똑똑한'이 아닌 '기억력이 좋은' 정도일 것이다.

기억력이 좋다는 것과 머리가 좋다는 것은 완전히 다르다. 기억력이 좋은 것은 두뇌의 한 기능이 특별히 활성화되어 있는 것일 뿐, 흔히 얘기하는 '스마트하다', '머리가 좋다'와 동일한 것은 아니다.

인류사에 가장 유명한 사람 중 하나인 아이작 뉴턴은 '만유인력의 법칙'을 발견하고 '운동의 세 가지 법칙'을 정립한 사람으로 유명하지만, 좀 모자란 듯 보이는 일화가 많이 전해진다. 어느 날 뉴턴이 친구를 집으로 초대했는데, 초대한 것을 잊어버리고 과학 실험에 열중하다가 포도주를 가지러 2층으로 올라갔다. 그러나 그는 무엇 때문에 올라갔는지를 잊어버리고 잠옷 차림으로 예배에 갔다. 초대 받은 친구는 계속 기다리다가 너무 늦어져서 식탁 위에 차려진 칠면조를 먹고, 뼈만 남겨놓은 채 돌아갔다. 나중에 집에 돌아온 뉴턴은 그 뼈를 보고 "아, 내가 저녁식사를 했으면서 저녁식사 한 것을 잊어버렸구나"라고 했다는 일화가 있을 정도다.

이 일화만 보자면 뉴턴은 많이 모자란 사람처럼 보인다. 하지만 뉴턴을 '머리가 안 좋은 사람'이라고 말하는 사람은 진짜 머리가 안 좋은 사람 외에는 없을 것이다. 따라서 잘 잊어버린다든가 기억력이 나쁘다는 것과 같은 특성은 스마트한 사람을 판단하는 기준이 될 수 없다.

섹시한 뇌로 가는 길

그렇다면 '머리가 좋다', '스마트하다', '뇌가 섹시하다'라는 표현은 어떤 사람들에게 붙여야 하는 것일까? 한 가지 분명한 건, 이런 특성은 사회적 성공과 연관이 되어야 한다는 것이다. '천재지만 불행하게 살다 갔어'와 같은 경우는 본 적이 있어도, '문제해결력이 뛰어난 친구인데, 백수로 지내'라는 얘기는 들어본 적이 없다. 진짜 문제해결력이 뛰어나다면 이미 백수 처지에서 벗어났을 테고, 만약 아무 일을 안 하는 백수라면 문제해결력이 뛰어나다고 할 수 없기 때문이다. 따라서 '머리가 좋다', '스마트 하다'와 같은 표현은 사회적 성공과 연관 지을 수 있다. 그리고 우리가 지금 스마트함의 정체가 궁금한 이유도, 사회적인 성공 가능성을 높이는 데 유용하기 때문 아닌가!

필자는 지난 10여 년 동안 AT테스트를 개발하고, 연구하고, 가르쳐왔다. AT테스트는 Aptutde Test의 줄임말로 '적성검사', '적격성검사' 정도의 의미다. 필자가 가르친 사람들은 지금 의사, 치과의사, 약사, 판사, 변호사, 검사, 고위공무원, 외교관, 기술공무원, 대기업 사원 등이 되어 있다. 한마디로 대한민국의 엘리트들이다. 이것이 뜻하는 바는, 소위 '엘리트'라고 불리는 이 직업들을 얻기 위해 치러야 하는 1차 시험이 모두 AT테스트라는 얘기다.

지난 10년간 대한민국의 중요한 시험들은 점차 AT테스트로 바뀌고 있는 중이다. 행정고시, 기술고시, 입법고시, 외교아카데미의 PSAT나 의치의학전문대학원, 약대, 로스쿨 등의 입학시험들, 그리고 대기업 · 중견기업 · 공기업 · 금융권 등 취업준비생들이 선망하는 기업들에 입사하는 과정에서 가장 중요한 관문인 적성검사가 사실은 AT 형태의 테스트다. 그래서 삼성의 SSAT나 현대기아차의 HMAT의 뒤에 모두 'AT'가 붙는다.

지금 우리 사회가 AT테스트를 중요시하는 이유는 인재를 뽑는 기준이 10년 전과는 확연하게 달라졌기 때문이다. 그 기준

PSAT	SSAT	LSAT
1. 언어논리	1. 언어논리	1. Logical Reasoning (논리적 추론)
2. 자료해석	2. 수리논리	2. Analytical Reasoning (분석적 추론)
3. 상황판단	3. 추리	3. Reading Comprehension (독해)
	4. 시각적 사고	4. Writing Exercise (작문)
	5. 직무상식	5. Experimental, Unscored Section (실험영역)

을 구체적으로 알아보기 위해서 대표 AT테스트들의 과목을 살펴보자. 비교 대상은 한국 고위 공직에 나가기 위해서는 어떤 형태로든 거쳐야 하는 PSAT와 기업 적성검사의 상징 같은 SSAT, 그리고 미국의 로스쿨 입학시험인 LSAT다.

눈에 띄는 공통적인 단어들은 '언어', '논리', '추리·추론', '해석·분석' 등이다. AT나 EET 시험(Education Eligibility Test의 약자로, 우리말로는 역시 '적격성시험'으로 번역된다. AT테스트와 거의 비슷한 뜻으로 쓰인다)의 과목들은 대동소이한데, 다음 세 가지 유형의 문제를 기본으로 한다.

1. 먼저 제시문을 주고 그에 맞는 해석을 하거나 그것을 바탕으로 추론하는 문제. '언어'나 '독해'라고 표시된다.
2. 자료나 그래프를 주고 해석을 하는 문제. '자료'나 '수리'라고 표시된다.
3. 주어진 정보들을 바탕으로 새로운 정보를 창출하는 문제. '추리'나 '추론'으로 표시된다.

이 시험들은 사회에서 다른 사람과 트렌드를 주도할 엘리트들에게 필요할 것 같은 능력을 구체적으로 측정한다. 다시 말하면 이런 능력들의 유·무가 사회에서의 성공 여부를 가늠할 수 있게 한다는 의미다. 그리고 이런 능력들을 능수능란하게 발휘하는 것을 보면 우리는 '스마트하다', '머리가 좋다', '뇌가 섹시하다' 같은 소리를 하게 되는 것이다.

이 능력들을 발휘한 결과로 드러나는 것이 통찰력, 문제해결력, 기획력, 창의력 등이다. 그리고 이것들을 위해 기초적으로 필요한 것이 정보파악력, 비판적 사고력, 추리력 같은 것들이다.

기초능력	응용태
1. 정보파악력	1. 통찰력
2. 비판적 사고력	2. 문제해결력
3. 추리력	3. 기획력
	4. 창의력

정리하자면, '스마트한 사람', '뇌가 섹시한 사람'이란 정보를 파악하고, 분석하고, 그것을 바탕으로 새로운 정보를 추론하는 생각의 프로세스를 가진 사람을 뜻한다. 이런 사람은 결과적으로 문제해결력이나 창의적인 대안 제시력이 뛰어나기 때문에, 사회적인 성공과 연결되기도 쉽다.

이제부터 각 능력들의 정체와 그것을 위해 필요한 세 능력들을 구체적이고 실용적인 측면에서 살펴보면서, 스마트한 인재로 가는 구체적인 길을 찾아보기로 하자.

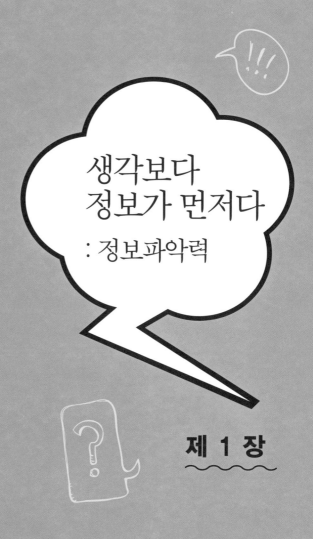

생각보다
정보가 먼저다

: 정보파악력

제 1 장

그래서,
하고 싶은 말이 뭔데?
짧게 핵심만 말해봐!

CHAPTER 1

5학년 때쯤인가, 수원에 있는 뉴코아백화점에 근무하는 삼촌을 혼자서 찾아간 적이 있다. 지하철역에서 내려 한눈에 안 보이기에, 지나가는 아저씨에게 백화점의 위치를 물었다. 그 아저씨는 이 근처 지리는 눈 감고도 안다는 듯한 말투로 길을 알려주었다. 하지만 아저씨가 알려준 길로 세 블록이 넘게 가도록 뉴코아백화점은 보이지 않았다. 그러다가 지나가는 아줌마에게 다시 물었더니, 완전 반대 방향으로 왔다는 것이다. 역까지 다시 돌아와 아줌마가 일러준 대로 한 블록 정도를 가니 거기에 바로 뉴코아백화점이 있었다.

　　스마트폰도 삐삐도 없던 그 시절에, 어린애가 혼자서 낯선 곳을 찾아가는 것은 결코 만만한 일이 아니었다. 올바른 정보를 가지고도 모자란 판에 완전히 잘못된 정보를 가지고 길을 찾았으니, 도착할 때가 한참 지난 필자를 기다리느라 삼촌은 목이 빠져 있었다.

　　문제에 대한 해결책이나 창의적인 생각은 사고의 프로세스를 밟아서 나오는 결과다. 중요한 것은 이런 결과를 도출하는 데 토대가 되는 정보가 엉뚱한 것이라면 아무리 스마트한 사람일지라도 제대로 된 결과를 얻을 수 없다는 사실이다. 3시에 깨진 시계를 보고 사건 시간을 예측한 경찰이 그 시간에 알리바이가 없는 용의자를 체포했는데, 사실은 시계를 잘못 봐서 시곗바늘이 9시를 가리키고 있었다면 경찰은 생사람을 잡은 꼴이 된다. 첫 번째 정보가 정확해야 그에 대한 2차 정보들이 올바르게 형성되는 것이다.

　　올바른 판단을 바탕으로 바람직한 결과를 얻어내기 위해서 전제되어야 하는 것이 바로 '올바른 정보'다. 때문에 정보를 정확하게 판단하려고 하는 애초의 노력이 무엇보다 중요하다. 정확한 정보 판단을 위해서는 관찰력, 정보이해력, 핵심요약력이 요구된다.

백 번 듣지 말고 한 번 보자

'악마의 편집'이라는 것이 있다. 오디션 방송에서 극적으로 보이기 위해, 참가자의 캐릭터 성격을 왜곡해서 편집하는 것을 이렇게 부른다. 예를 들어 오디션 프로그램이니만큼 다른 사람의 노래를 보고 시샘할 때도 있고 감탄할 때도 있을 텐데, 감탄하거나 인정하는 모습은 쏙 빼고 시샘하는 모습만 보여줌으로써 질투심 많은 캐릭터로 만드는 식이다. 문제는 시청자들 입장에서는 화면으로 보여주지 않는 부분에 대한 정보를 알 길이 없다는 것이다.

착하고 순수한 여배우인 줄 알았는데, 알고 보니 일진 저리가라 하는 무서운 사람이었다는 얘기는 흔히 찾아볼 수 있는 가십거리다. 지극히 제한된 정보를 가지고 어떠한 판단을 내린다면 잘못된 결론에 빠질 확률이 높아질 수밖에 없다.

올바른 추론을 통해 적절한 해결 방안에 도달하기 위해서는 정확한 정보가 선행되어야 하는데, 정확한 정보의 기본은 관찰이다. 스스로 보고, 느끼고, 알게 되는 정보들이 판단의 가장 기본 토대가 될 수밖에 없다.

홈즈의 추리에 화들짝 놀란 왓슨을 생각해보라.

"왓슨, 아침에 급하게 전보를 보내고 왔군."

31

"아니 어떻게 알았지?"

"자네 구두에 묻은 흑갈색 흙은 런던우체국 앞에만 있지. 이른 아침에 런던우체국에 들렀다면 급하게 전보를 보낼 일밖에는 없지 않은가?"

홈즈는 늘 관찰을 통해 얻은 새로운 정보를 근거로 추리를 한다. 그렇기 때문에 관찰력이 전제가 되는 추론에서, 독자에게 는 관찰할 기회가 전혀 없다는 점 때문에 홈즈와의 두뇌 싸움이 공정하지 않다는 평가가 있기도 하다.

셜로키언셜록 홈즈의 팬의 한 사람으로서 그 부분을 따질 생각은 없다. 다만 같은 것을 보더라도 세심하고 정확한 관찰을 통해 다른 사람들에 비해 더 많은 정보를 얻을 수 있다면, 그만큼 그 사람의 추론과 생각은 조금 더 스마트하고 유용할 수밖에 없다는 것을 알아야 한다.

누룽지 대신 식혜를 내놓는 이유

관찰에 의한 정보 습득은 집중력과 눈썰미로 얻어진다. 그리고 그 정보에 대해 관심을 가지고 있다면 관찰력은 훨씬 커진다.

요즘은 고급진 레시피를 제공하는 '백주부'로 유명한 백종원 씨는 몇 해 전까지만 해도 성공한 외식사업가로 유명한 사람이었다. 그의 사업 이야기를 들어보면 '과연 성공한 사람은 다르구나' 하고 깜짝 놀랄 사업가로서의 아이디어가 많다.

그중 하나가 밑반찬으로 구운 생선 대신 전을 준다는 이야기다. 그 이유가 기가 막힌데, 생선은 발라 먹기 위해 젓가락질을 한 번이라도 더 하기 때문에 그만큼 시간이 걸리고, 그 시간들이 합쳐지면 테이블의 회전율이 떨어진다는 것이다. 그런데 전과 구운 생선의 고객만족도는 비슷하기 때문에 효율성을 따져 전을 내게 되었다고 한다. 같은 맥락에서 후식도 누룽지 대신 식혜를 준다고 한다. 누룽지는 식혀 먹느라 시간이 지체되지만, 식혜는 후루룩 마시고 나가기 때문에 테이블 회전율이 조금이라도 높아진다는 것이다. 고객들의 아주 사소한 행동을 관찰하고 이러한 사실들을 종합해서 동선을 조금 더 빠르게 만든다면 매출이 20~30% 올라갈 수 있다.

관찰력은 물론 타고난 것도 있지만, 백종원 씨의 경우에는 식당에서 어떻게든 많은 수익을 내고자 하는 의지가 있었기 때문에 끊임없이 보고, 생각하고, 연구하는 과정에서 향상되었을 것이다. 생계형 관찰력이 사업 수완으로 발전한 케이스라 하겠다. 그러니까 정보에 대한 관심은 바로 집중력을 높일 수 있는 중요한 요소가 된다.

네가 진짜로 원하는 걸 알려주마

정확한 관찰은 제품 생산의 첫 번째 단계다. 외국계 기업의 디자인 부분 총괄 업무를 맡고 있는 필자의 친구는, 제품을 디자인할 때 가장 먼저 하는 일이 그것을 사용하는 유저들을 인터뷰하고 실제 그들의 행동을 관찰하는 것이라고 했다. 그런데 재미있는 사실은, 소비자들이 말하는 것과 실제 행동이 다르다는 것이다. 소비자들은 의도치 않은 거짓말을 하는 경우가 많기 때문에 중요한 것은 말이 아니라 실제로 어떻게 움직이느냐 하는 것이며, 행동을 관찰해서 하나의 솔루션을 내놓는 것을 '디자인 인사이트'라고 한다고 알려주었다.

스티브 잡스도 '소비자들은 자신들이 원하는 것을 절대로 알지 못한다'고 말한 적이 있다. 소비자들은 상품 기획자들이 소비자들의 행동을 관찰하고 그것을 토대로 '이것이 바로 당신에게 필요한 상품입니다' 하고 상품을 끄집어내서 제시해주어야, 비로소 "아! 이거야말로 내가 바라던 거구나!"라고 말한다는 것이다.

우리가 흔히 얘기하는 '사려 깊다'는 것은 결국 상대방의 입장에서 생각해본다는 얘기다. 데이트할 때 하이힐을 신고 온 상대방을 배려해서, 원래 계획한 산책 동선을 빼고 앉아서 커피를 마실 수 있는 전망 좋은 커피숍으로 다시 일정을 잡는 남자라면 사려 깊은 사람이라고 할 수 있다. 보통 남자들은 하이힐을 신고 돌아다녀 본 적이 없기 때문에, 하이힐을 신고 남산을 산책하는 것이 얼마나 힘든 일인 줄 잘 모른다. 하지만 그것을 아는 남자라 하더라도 하이힐 애용자라고 할 수는 없다. 여자의 입장에서 생각을 해보았기에 그에 대한 이해가 생기는 것이다. 결국 '사려 깊음'도 상대방의 입장에서 생각해보고 신중하게 행동을 관찰하는 데서 비롯된 행동이라고 봤을 때 그 기본 자세는 '관찰'이라는 것을 알 수 있다.

백 번의 클릭으로 실린 회사

관찰력은 노력에 의해서도 기를 수 있다. 약간의 손가락 '품'을 팔아 인터넷을 뒤져 보면 유용한 정보와 결과를 노력만큼 얻을 수 있다. 그 대표적인 예가 2014년 3조 원의 사기대출 사건을 일으킨 가전업체 모뉴엘의 실체를 미리 파악한 은행원의 이야기다.

이 은행원이 근무하던 은행은 모뉴엘에 850억 원을 대출해준 상태였다. 이 은행원은 모뉴엘의 재무재표에는 문제가 없었지만 자신의 주변에서 모뉴엘 제품을 쓰는 사람을 본 적이 없어서 의심이 갔다고 했다. 결국 인터넷을 통해 미국의 쇼핑몰을 모두 돌아보는 수고를 아끼지 않았고, 그 결과 모뉴엘 제품을 찾아볼 수 없자 의심이 깊어졌다. 홍콩을 경유하는 이상한 구조의 대출

경로를 발견한 은행원은 결국 대출을 회수하는 데 결정적인 역할을 했다.

당시 모뉴엘은 잘나가는 기업이었기 때문에 이 결정에 대해 은행 내에서 왈가왈부 말이 많았다. 그러나 이 은행원은 자신의 관찰 결과를 믿고 어려운 결정을 밀어붙였다. 그리고 모뉴엘의 사기행각이 밝혀진 후 은행의 큰 손실을 막은 공로로 표창을 받게 되었다. 대출에 대한 판단을 할 때, 미국 사이트까지 하나하나 돌아다니며 직접 정보를 수집했던 노력은 곧 정보력으로 바뀌었고, 이것은 '표창'이라는 결과를 가져온 것이다.

이 은행원은 자신이 직접 눈으로 확인한 현상과 직접 수집한 자료 및 정보를 남의 얘기에 바탕한 정보보다 우위에 놓았다. 그리고 결과적으로 남이 하는 얘기가 아닌 직접 얻은 현실적인 정보가 더 정확했다는 것을 증명했다.

모뉴엘 사건에는 이 은행원과 정반대로 행동했던 사람들이 있다. 바로 몇몇 기자들이다. 모뉴엘이 신뢰를 얻은 계기는 '빌 게이츠가 언급해서 화제가 되었다'는 기사 때문이었는데, 알고 보니 빌 게이츠는 그런 말을 한 적이 없었다. 누군가 쓴 기사를 보고 다음에 기사를 쓰는 사람이 그것을 따라 쓰고, 그것이 다시 재생산되는 식으로 순식간에 퍼져나간 것이다. 모뉴엘의 언론 플레이에 휘둘린 몇몇 언론사들이 확인 절차도 거치지 않고 헛소문을 확대 재생산했기 때문에 모뉴엘의 사기 행각이 가능했던 것이다.

보통은 이처럼 남들의 이야기와 자기 이야기가 상반되는 데다가 언론에서 형성한 분위기와 자신의 판단이 다르면 자신의 주장에 확신을 가지기가 쉽지 않다. 그런데도 이 은행원이 자기 나름의 확신을 가지고 소신 있게 소임을 다할 수 있었던 것은, 스스로의 노력으로 얻어낸 많은 정보가 있었기 때문이었다. 노력이 어설펐거나 아예 다른 사람의 정보를 그냥 받아들였다면 은행원은 자신을 확신할 수 없었을 것이다.

결국 원래 타고난 눈썰미가 좋은 사람도 있지만, 집중력을 가지고 노력하다 보면 관찰력이 향상되어 정확한 정보 파악이 가능해지는 것이다.

아는 것과 이해하는 것은 다르다
— 정보이해력

'세계에서 가장 높은 빌딩은?'

이런 질문을 들었을 때, 알면 다행이지만 모른다고 해도 동공이 흔들릴 정도로 당황스럽지는 않다. 포털 사이트를 검색해 방배동에 사는 '나혼자살기싫다'님의 답변을 참조하면 되니까 말이다. 묻기만 하면 답을 해줄 준비가 되어 있는 사람이 내 휴대폰 안에 늘 살고 있다.

그런데 문제는 그렇게 답을 해주는 사람이 너무 많다는 것이다. 물론 내가 궁금한 것에 답을 해주는 사람들이 많다는 것은 고마운 일이지만, 문제는 그 답들이 내가 알고자 하는 지식에 딱 들어맞지 않는다는 사실이다.

"세계에서 가장 높은 빌딩은 63빌딩이요"같은 초딩의 대답에서부터, 오지랖 넓게 굳이 1위부터 100위까지 뽑아주면서 내공을 호소하는 '내공갈급자'들의 대답이 공존한다. 그런데 어느 대답이 내 질문에 대한 정확한 정보인지는 인터넷이 가려 주지 않는다. 키워드, 태그, 해시태그 등 필요한 정보를 손쉽게 찾기 위한 여러 가지 장치를 걸어놓지만, 정작 궁금한 것에 대한 답을 찾기 위해서는 방대한 정보들 사이에서 마치 '월리'를 찾는 느낌으로 정답을 찾아내야 한다. 따라서 무작위로 눈앞에 펼쳐진 정보의 바다(어떤 의미에서는 정보의 쓰레기더미)에서 유용한 정보를 찾아낼 수 있는가 하는 것은 개인의 몫이 되어버린다.

결국 지식이 권력이 아닌 시대, 정보가 독점이 아닌 시대에 요구되는 능력은 수많은 정보를 빠른 시간 안에 파악하고, 그 안에서 필요한 정보를 정확하게 골라내는 능력이다. 인터넷에서 길어올린 수많은 정보들은 그냥 가볍게 읽어보는 것만으로도 많은 시간이 소요된다. 게다가 그 정보들의 대부분은 모두 자기가 가장 정확한 정보라고 주장하고 있기 때문에, 쓸 만한 정보를 가려내기 위해서는 어느 정도 꼼꼼히 읽어야 할 필요가 있다.

주제 파악이 시간 단축의 지름길

인터넷에서 제시하는 많은 정보들은 기본적으로 텍스트 형태다. 최근 동영상 형태의 정보가 많아지고는 있지만, 그 안에 담을 수 있는 정보의 양은 텍스트로 된 정보의 반도 안 된다. 실제로 1시간 동안의 TV뉴스가 담을 수 있는 정보량은 종이 신문 한 장 분량이라고 한다. 따라서 유용한 정보는 주로 텍스트 형태다.

그렇기 때문에 우리에게 필요한 것은 수많은 정보를 대충이라도 빨리 읽을 수 있는 '스피드'다. 스쳐 가듯이 지나가는 많은 텍스트들을 순간적으로 읽고 유용한 정보를 빨리 가려내는 능력이 일차적으로 필요하고, 정말 필요한 정보라면 그것을 자세하게 읽어서 정확하게 파악하는 이차적인 능력이 뒤따라야 한다.

그래서 속독법을 배워야 하는 게 아닌가 하고 얘기하는 사람들이 가끔 있다. 하지만 우리가 아는 일반적인 속독은 눈의 시야를 넓혀서 한번에 넓은 범위를 봄으로써 읽는 속도를 단축하는 것으로, 사실 이런 속독법은 이 경우 효과적이지 않다. 정보를 이해하기 위해서 읽는 글들은 눈 안에 잘 안 들어오는 게 문제가 아니라, 읽어도 무슨 뜻인지 잘 모르는 것이 문제기 때문이다. 소설처럼 내용이 어렵지 않고, 사건이나 행동 위주로 읽을 수 있을 때는 속독법이 효과적이지만 정보를 담고 있는 설명문과 논설문 등에는 그다지 효과적이지 못하다.

따라서 기존의 '형식적인 속독법'과는 다른 '내용적인 속독법'이 필요하다. 내용적인 속독법에서는 '선택'과 '집중'이 중요하다. 단락이라는 것은 하나의 의미 단위다. 한 단락에서 보통 하나의 내용을 다루고 있으며, 내용이 바뀌면 단락도 바뀐다. 친구에게 이메일을 쓸 때, '어제 날씨 별로였지?'로 시작해서 한참 '날씨 거지같았다'는 이야기를 하다가도, '그 영화 봤어? 어땠어?'라는 말을 할 때는 엔터키를 눌러 단락을 바꿔주는 것과 같다.

한 단락은 보통 4~5문장으로 구성되어 있는데, 그 문장들의 중요성이 모두 같은 것은 아니다. 실제로 중심이 되는 주제 문장은 하나고, 나머지는 그것을 꾸며주는 '시다바리' 문장들이다. 자세하게 설명하거나, 이유를 대거나, 수식을 하는 식으로 말이다.

그래서 한 단락에 하나씩 존재하는 주제 문장 위주로 읽을 때 읽는 속도가 획기적으로 빨라진다. 한 단락에 존재하는 하나의 주제 문장을 파악하고 그것들을 연결해서 읽으면, 글의 큰 흐름을 따라갈 수 있다. '시다바리' 문장들까지 모두 읽어서 세세하게 그 뜻을 파악하려면 시간도 많이 걸리고 곁가지로 빠지기도 쉽다. 그래서 필요한 부분만 정확하게 읽고, 어렵거나 필요하지 않은 부분은 빨리 넘겨버리는 버림의 미학이 내용 이해의 발판이 되는 것이다. 글을 100% 다 정확하게 읽지는 못해도, 큰 흐름 위주로 텍스트를 읽으면 70~80% 정도는 파악할 수 있다. 반면 시간은 50% 이상 절약할 수 있다.

글의 흐름에 몸을 맡겨라

나열된 정보를 글자 그대로 읽는 것도 중요하지만, 정보 이해를 위해서 또 하나 명심할 것은 문맥의 이해가 바탕이 되어야 한다는 것이다. 그것을 문맥파악력이라고 한다.

같은 그림이지만 첫 번째 그림은 '점심 먹으러 나가는구나' 하고 짐작할 수 있는 그림이다. 두 번째 그림은 아침을 먹으러 간다고 하기에는 출근 직후인 시간이 조금 문제다. 출근하자마자 밥부터 먹으러 가는 것은 웬만큼 자유로운 분위기의 직장이 아니고서는 쉽지 않은 일이다. 차라리 전날 먹은 술 때문에 급한 볼일을 보러 가는 중이라고 생각하는 것이 보다 합리적이다. 똑같은 그림이지만, 시간의 차이가 이런 다른 해석을 만들어낸다. 이것이 바로 문맥의 힘이다. 똑같은 말이라도 문맥에 따라 차이가 나는 것이다.

또 다른 예를 들어보자. "참 잘했네"라는 말은 아무리 봐도 'good'의 의미다. 하지만 이 말을 다음과 같은 상황에 놓고 보면 'good'이라는 의미로 느껴지지는 않는다.

따라서 문자가 지닌 뜻보다 더 중요한 것이 문맥이며, 문맥은 글의 흐름 속에서 파악할 수 있다. 즉, 중요한 것은 정보 낱낱의 세부적인 뜻풀이가 아니라 정보의 전반적인 흐름과 주제인 셈이다.

이쯤에서 수능의 비밀을 하나 알려주려고 한다. 시험 문제를 풀다 보면 처음 답이 1번이라고 생각되어 썼다가, 아무래도 찜찜해서 다시 자세히 읽어보니 3번인 것 같아 3번으로 고친 적이 있을 것이다. 그런데 나중에 답을 맞춰보면 대개 정답은 1번이다. 아예 모르는 문제면 상관없는데, 이럴 경우 용돈을 두둑히 받은 첫날 친구를 만나러 나갔다가 지갑을 잃어버린 것처럼 허탈하다.

왜 이런 일이 생길까? 이유는 간단하다. 문제를 출제한 사람들이 그렇게 의도했기 때문이다. 이런 일은 주로 1번 보기의 뜻이 문맥을 통해 파악하는 것이고, 3번 보기의 뜻이 단순히 문자를 통해 파악하는 것일 때 발생한다.

문제를 하나 풀어보자.

고대사회에서 테러는 ㉠ 일상적인 일이었다.	1. 상식적인 일이었다. 2. 심드렁한 일이었다. 3. 비일비재한 일이었다. 4. 놀라운 일이었다. 5. 슬픈 일이었다.

'일상적'이라는 말은 매일 일어나는 일을 말하는 것으로, 얼핏 보기에 3번이라고 대답하기 쉽다. 하지만 사실 이 문제는 현재로서는 풀 수 없다. 문제는 ㉠의 '문맥적 의미'를 찾는 것인데, 앞뒤 글이 없어 문맥을 알 수 없기 때문이다. 사실 모든 글이 제시된 형태에서 원래 이 문제의 답은 ①번으로, 이때는 일상적이라는 말이 '상식적이다', '일반적이다' 정도로 쓰였다. '한국 사람에게 제사는 일상적인 일이다'라고 했을 때 '일상적'이라는 말이 '비일비재하다'라는 뜻이 아니듯 말이다.

문자적인 해석보다 문맥적인 해석이 훨씬 중요하다. 문맥을 알기 위해서는 대충이라도 글을 읽고 큰 흐름을 이해해야 한다.

정보 파악의 실전 훈련, 독서

경험은 문맥파악력을 높여준다. 직장생활도 오래 하다 보면 눈치가 9단이다. 부장님이 어제 회식 끝나고 늦게 들어간 다음 날에는 아침부터 결재서류를 들고 들어가는 것을 자제하게 된다. 사모님과 한바탕 하고 나와서 저기압일 가능성이 크기 때문이다. 이때 결재 서류를 내놨다가는 불똥이 튈 확률이 높다.

정보 파악에서의 경험은 결국 독서를 의미한다. 그러나 이것은 책을 많이 읽어 상식이 많아야 한다는 의미가 아니다. 책을 많이 읽음으로써 정보를 파악하는 방법에 대한 경험이 쌓여서, 정보 파악 실전에서 베테랑이 되는 것을 말한다. 훈련을 통해 배운 것이 아니라, 실전을 통해 직접 효과적인 정보 파악 방법을 익히는 형태가 바로 독서다. 따라서 개별 책들은 실전이 되는 것이고, 그 독서의 범위가 다양할수록 실전 경험 또한 다양하다고 하겠다. 독서를 통해 정보를 읽는 방법을 배우고 훈련할 수 있다. 그러니 책을 펼쳤을 때 내용이 어렵다고 해서 덮어버리지 말고, 계속 읽어나가며 이해하려고 노력하는 것이 좋은 훈련 태도다.

독서를 할 때 주의할 점은 독서의 분야가 한쪽으로 치우치면 특정 형태에 대한 실전 감각만 발달한다는 사실이다. 판타지 소설을 읽을 때, 마니아들은 '드워프의 종특'이 뭐고, '던전'이 무엇인지 이미 알고 있기 때문에 읽는 시간이 상당히 단축된다. 전투로 비교하자면, 죽어라 해전만 해서 해전에는 당할 자가 없지만, 육지에 서면 싸우는 방법을 아예 모르는 것과 비슷하다. 정보 전투는 육·해·공군의 구분이 따로 없다. 그러므로 이왕이면 다양한 분야의 독서를 하기 위해 노력해야 한다.

경험은 정보 파악 시간을 단축시켜 주기도 하지만, 잘못하면 아집과 매너리즘의 길로 인도하기도 한다. 한 것만 하고, 알고 싶은 것만 알고, 읽고 싶은 것만 읽게 되는 것이다. 제일 무서운 것은 믿고 싶은 것만 믿는 경우다. 경험이 정보의 가이드는 될지언정, 한계선은 되지 말아야 할 것이다.

그래서, 하고 싶은 말이 뭔데?
— 핵심요약력

한때 어떤 회사의 경영총괄업무를 맡은 적이 있었다. 회사의 인재 배치에 대한 컨설팅을 하다가 오너의 요청으로 경영을 돕게 되었는데, 전반적으로는 재미있었다. 그러나 직장생활의 어려움은 늘 존재하게 마련이다. 가장 힘들었던 것이 바로 한없이 늘어지는 회의에서 핵심을 짚지 못하고 장황해지는 사람들의 말을 다 들어주어야 하는 점이었다.

한번은 왜 저렇게 장황하게 맥락 안 맞고 핵심 없는 이야기를 할까 궁금해서 '회의테러리스트들'의 유형을 정리해본 적이 있다. 대체로 다음과 같은 유형의 사람들이었다.

1) 자기 생각이 계속 꼬리를 물고 이어지는 유형

2) 같은 얘기를 표현만 다르게 반복하는 유형

3) 앞뒤 맥락을 모두 자세하게 설명하는 유형

4) 불필요한 예를 서너 가지씩 들면서 설명하는 유형

5) 남의 이야기는 듣지 않고 자신의 이야기만 하는 유형

이런 사람들의 공통점은 자신의 말이 굉장히 중요하다고 생각한다는 데 있다. 그렇기 때문에 '회의에서 쓸데없이 말을 많이 하지 말자'고 대놓고 말해도, 그게 자기를 꼬집어 말하는 것이란 생각은 하지 않는다. 자신의 말은 '쓸데없는 말'이 아니라 '쓸데가 아주 많은 중요한 말'이기 때문이다(물론 진짜 공통점은 이 사람들의 직위가 모두 높다는 것이다. 대개의 경우, 직급 낮은 사람이 눈치 없이 회의 시간에 자기 얘기를 주저리주저리 할 수 있는 것은 아니니까 말이다).

아랫사람이든 윗사람이든, '말 많은 사람'은 대부분 싫어한다. 필요한 말이라면 모르겠지만, 이미 '말 많다'는 수사 자체가 필요 이상으로 말이 많다는 의미를 갖고 있지 않은가.

말을 줄여야 한다. 무작정 말을 하지 말라는 것이 아니라, 하고자 하는 말을 줄여서 하는 버릇을 들여야 한다는 것이다. 다

시 말해, 핵심을 간단한 말로 요약해서 전달할 수 있는 능력이 필요하다. 그래야 내용이 있는 회의고 대화다. 핵심을 줄이지 못한다는 것은 결국 자기가 지금 무슨 얘기를 하는지 모른다는 뜻이다. 핵심이 있는데도 장황해진다면 그건 자기 말에 취해서 표류하고 있다는 의미다. 말이 장황해지면 아무리 주제가 좋은 내용이라고 해도 다른 사람에게 제대로 전달이 안 되는 안타까운 상황이 일어난다.

중요한 프레젠테이션이 끝났을 때 클라이언트나 회장님들이 가장 많이 묻는 질문은 이것이다.

"그래서, 하고자 하는 말이 뭔가?"

이 질문을 자기 자신에게 한번 해보자.

짧게, 분명하게!

이른바 '아줌마 화법'이라는 것이 있다. 나쁘게 말하면, 특정한 주제나 맥락 없는 이야기가 꼬리에 꼬리를 물고 지루하게 늘어지는 말하기 방법을 일컫는다. 반면에 좋게 말하면, 여러 가지 관련 정보를 상세하게 알려줌으로써 보다 정확한 판단을 하게 해주는 친절한 화법이라고 할 수 있다. 한마디로 '다 알려줄 테니 알아서 판단하라'는 것이 바로 아줌마 화법이다.

하지만 문제는 이런 식으로 장황하게 정보를 전달하면 듣는 사람은 오히려 집중력이 떨어진다. 그래서 잘못하면, 정확한 판단을 내리기 위한 정보 전달이라는 좋은 취지는 간데없고, '이 사람과 이야기하면 피곤하다'는 느낌만 남기게 된다.

중요한 것은 핵심을 요약하려는 의지다. 핵심적인 정보에 대한 판단을 듣는 사람에게 미루지 말고 말하는 사람이 해야 한다. 반대로 누군가 장황하게 말을 늘어놓고 있을 때는 그 말의 핵심이 무엇인지 스스로 판단해야 한다. 장황한 이야기나 정보를 따라 생각없이 흘러가기만 하면 결국에는 길을 잃게 되기 때문이다. '지금 내가 찾고자 하는 가장 중요한 주제는 무엇인가?'라는 핵심을 잃지 말아야 하며 그리고 이를 위한 훈련이나 의식은 늘 필요하다.

사우스웨스트항공 달라스 본사 벽에는 삼각형이 그려진 냅킨의 복사본이 걸려 있다. 샌안토니오, 휴스턴, 달라스를 잇는 삼각형인데, 초창기 회사가 만들어질 때 롤링 킹과 허브 켈레허, 이 두 창업자들이 논의를 하며 식당에 있던 냅킨에 그린 그림이라고 한다. '30년 연속 흑자'라는 전대미문의 기록을 세운 사우스웨스트항공사의 탄생은 바로 이 단순한 냅킨에서부터였다.

쇼클리반도체연구소를 뛰쳐나와 페어차일드 사를 설립, 실리콘

밸리 발전의 뿌리가 된 '8인의 반란자' 가운데 두 사람인 로버트 노이스와 고든 무어. 이들이 1968년 인텔을 창업할 때의 이야기다. 전설적인 벤처투자자인 아서 록은 두 사람이 식사하면서 냅킨에 남긴 낙서 같은 메모만 보고 250만 달러를 투자했다. 세계 최대의 반도체업체가 냅킨에 끄적인 메모 한 장에서 시작된 것이다.

핵심은 단순해야 한다. 할리우드 영화감독들 사이에서 유래된 말이 바로 엘리베이터 스피치Elevator speech라는 것이다. 엘리베이터를 타고 나서 내릴 때까지, 약 60초 정도 되는 짧은 시간 안에 투자자의 마음을 사로잡을 수 있어야 한다는 말이다. 결국 사람들이 한마디 핵심 이야기만 듣고 거기서 '필feel'을 받아야 한다는 것이다.

'엘리베이터', '냅킨 사업계획서' 정도까지는 아니더라도 자기가 전달하고자 하는 가장 중요한 할 말을 10~15초 내외로 정리 할 수 있어야 한다. 또한 다른 사람 이야기의 핵심, 지금 접하고 있는 정보의 핵심도 가능한 짧게 요약하는 연습을 해보자. 핵심을 짧게 정리하려고 계속 연습하다 보면, 정보에서 중요한 것을 보는 눈이 생기기 때문이다.

긍정적인
투덜이

: 비판적 사고력

제 2 장

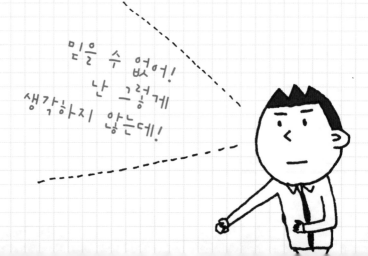

CHAPTER 2

대학교 3학년 때, '고전문학의 이해'라는 수업을 들을 때였다. 한 명이 지각을 해서 문을 빼꼼 열고 들어오는데, 교수님과 눈이 마주치자 황급히 "죄송합니다" 하고 조용히 말하며 인사를 했다. 그러자 교수님이 "자네는 뭐가 죄송한가?"라며 '시비'를 걸었다. 그 학생은 더더욱 허리를 숙이며 "죄송합니다"를 더 크게 말했다.

　　"아니, 진짜로 어떤 점이 죄송한지 세 가지 정도만 설명해주게."

유난한 교수님한테 걸렸다고 생각하면서도, 앉아 있던 우리도 학생이 지각을 하면 교수에게 뭐가 죄송한지 생각하게 되었다. 그런데 곰곰이 생각해보니, 놀랍게도 별로 죄송한 게 없었다.

비싼 등록금을 내고 수업을 제대로 못 들어서 알아야 할 것을 놓쳤으니 결국 자신의 손해다. 교수님 입장에서는 학생이

많은 것보다 적게 있는 것이 수업하기도 수월하고, 신경 쓸 일도 적어서 더 좋다.

그렇다면 수업을 방해한 일이 죄송한 것일까? 조용히 들어오는 학생을 굳이 불러세워서 말을 시킨 것은 교수님이다. 조용히 앉으려는 학생을 불러세우지 않았더라면 수업에 방해되지 않았을 것이다. 생각해보니 학생의 손해지 교수님의 손해가 아니었다. 교수님에게 죄송할 이유가 없는 것이다.

교수님의 이상한 '시비'를 통해서 우리가 알게 된 것은, 지각하면 우리의 손해라는 명백한 사실이었다. 그리고 하나 더, '비판'은 '비난'하기 위해서 하는 것이 아니라 '이해'하기 위해서 하는 거라는 일반적 원리를 깨달았다. 어떤 문제의 한쪽 면만 보다가 비판을 통해 다른 면까지 보게 되면서 진정한 문제의 이해에 도달할 수 있는 것이다.

비판적인 문제의식은 판단을 더 정확하게 하고자 함이지, 염세적인 사람의 '투덜거림'이 아니다. 비판을 통해 다다르는 것은 더 큰 맥락에 대한 이해이기 때문에 비판적인 문제의식은 늘 필요하다.

케이블 TV 채널 tvN의 예능 프로그램인 〈뇌섹시대 : 문제적 남자〉에서 "여자친구와 왜 헤어졌는가?"라는 대기업 입사 문제가 주어졌다. 미국인인 타일러는 그 문제에 대해 "왜 기업에서 사람을 뽑을 때 이런 사적인 질문을 하는지 모르겠어요. 저는 대답할 수 없습니다"라고 말했다.

그래서 문답을 진행하고 있던 필자는 이런 사적인 질문은 어떤 사건에 대해서 문제점의 원인을 분석하는 분석력과 그에 따른 대안을 도출하는 문제해결적 사고를 가지고 있는지를 테스트하는 것이라고 설명해주었고, 타일러는 '그렇다면 그에 맞춰 대답할 수 있을 것 같다'며 답변을 이어갔다. 그리고 그 회의 우승자가 되었다.

한 번의 문제 제기로 문제의 본질을 정확하게 파악하고, 그에 따른 답변의 방향을 잘 설정한 결과다.

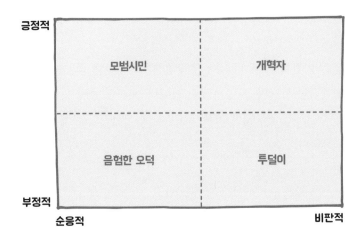

비판적 사고를 하는 사람은 잘못하면 '불평분자'로 찍히기 쉬운데, 그것은 태도 때문이다. 사고는 비판적으로 하되 태도나 행동은 긍정적이어야 한다. 태도가 부정적이면 그냥 '투덜이'로 보일 뿐이다. 비판적 사고력을 키우는 것은 자신을 부정적으로 만드는 것이 아니라, 오히려 일을 보다 완벽하게 하기 위한 긍정적인 일이다.

쪼개 보고 잘라 보는 분석

비판적 사고의 첫 번째 요소이자 가장 첫 단계에 위치하는 것은 '분석력'이다. '똑똑한 사람' 혹은 '뇌섹남'이라고 일컬어지는 사람의 특징을 보면 대부분 분석적인 사고를 한다.

'분석적'이라는 것은 사건이나 현상을 잘라 보는 사고를 말한다. 가령 영화를 볼 때, 스토리 라인을 따라가며 보여주는 그대로 보는 사람이 있고 줄거리, 화면, 색감 등을 잘라 보는 사람이 있다. 이처럼 분석적 사고는 어떤 사건이나 현상을 원인과 과정, 그리고 그에 따른 결과 같은 것으로 잘라 보는 것이다. 즉, 도대체 이 현상이 생긴 원인이 무엇인지, 어떤 요인들이 또 다른 상황을 야기했는지 등을 쪼개어 보고, 더 나아가서는 의도, 목적까지 생각하는 것이다.

가수 서태지는 손석희가 진행하는 뉴스에 출연해서 다음과 같은 이야기를 한 적이 있다.

"결혼도 하고 한국에 정착도 하고 그래서 조용필 선배님을 최근에 한번 찾아 뵀다. 인사도 드리고 공연에 대한 조언도 들었다. 기억 나는 부분은, 조용필 선배님이 어떤 뮤지컬 공연을 12번이나 봤다고 하신 것이다. 처음엔 정말 뮤지컬을 재미있게 보셨나보다 생각했는데, 한 번은 무대만 봤고, 한 번은 조명만, 또 한 번은 음악만 봤다고 하셨다. 소름이 돋았다고 해야 하나. '나는 너무 게을렀구나' 하는 깨달음을 얻었다."

가왕 조용필이 뮤지컬을 보는 방법은 바로 분석적인 쪼개 보기였던 것이다. 물론 모든 일상을 이렇게까지 쪼개 볼 수는 없지만, 그래도 분석적으로 쪼개 보려는 의도를 갖고 일상을 바라보면 점차 그 말이 수월하게 이루어진다.

원인과 결과를 찾아라

어떤 사건이나 문제, 상황 등을 분석적으로 바라보는 방법은 의외로 간단한 구도를 가지고 있다. 바로 문제의 결과 그리고 그것을 야기한 원인, 두 가지밖에 없기 때문이다. 물론 원인을 복합적으로 찾아볼 수는 있지만, 큰 틀의 구도는 이 두 가지다. 여기에 한 가지 더 수행하자면 '전제'라는 것을 들 수 있다. 이것이 나중에 나오는 창의적 사고의 핵심인데, 지금은 일단 전제라는 틀의 존재만 인지하자. 정리하자면, 문제를 비판하기 위해서는 문제를 원인과 결과, 그리고 제일 앞의 전제라는 세 가지 측면으로 나눠볼 필요가 있다는 것이다.

가령, 아래 그림처럼 '뱃살이 한없이 나오고 있다'라는 결과를 문제점으로 놓고 분석, 비판해보자.

문제의 원인으로는 '하루 다섯 끼를 먹는다' 정도를 가장

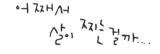

먼저 짐작할 수 있다. 그리고 '운동을 전혀 안 한다'거나 그냥 '유전이다' 정도도 쉽게 원인을 생각할 수 있다(물론 이 사람에 대한 정보가 많고 정확하다면, 원인을 특정하는 것이 한결 쉬워질 것이다). 이것을 구조적으로 보면 다음과 같이 구성된다.

원인		문제점(결과)
1. 하루에 다섯 끼를 먹는다.		
2. 운동을 전혀 안 한다.	➜	뱃살이 한없이 나오고 있다.
3. 유전이다.		

이렇게 분석적으로 원인과 결과를 분리해놓으면 비판할 요소를 찾을 부분이 분명해진다. 가령 첫 번째 원인으로 꼽은 '하루에 다섯 끼를 먹는다'에 대해 비판적 사고를 가동해보면 '다섯 끼를 먹지만 한 끼에 먹는 양이 적기 때문에 반드시 먹는 것이 문제라고 할 수 없다' 정도의 문제제기를 할 수 있다. 만약 한 끼 식사량도 많다고 하면 '많이 먹긴 하지만 매일 두 시간씩 수영을 하기 때문에, 칼로리 소모가 크다'는 식의 비판도 생각해볼 수 있다.

두 번째로 '운동을 전혀 안 하기 때문에 문제다'라고 한다면, '따로 운동은 안하지만 직업이 여행가이드이기 때문에 남들보다 훨씬 많이 걷고 있다' 정도의 문제제기를 할 수 있다.

세 번째는 유전 때문이라고 했지만, '형이나 누나는 정상 체중인 것으로 보아, 유전 탓으로만 돌릴 일은 아니다'라는 식으로 비판할 수 있다.

숨바꼭질의 달인, 전제

원인과 결과에 앞서 존재하는 전제는 명제에 붙어서 그 명제가 성립하기 위한 '상식의 패러다임' 역할을 해준다. 그래서 전제는 당연하면서도 찾기 어려울 때가 많다. 왜냐하면 너무 당연한 소리라서 굳이 그런 말이 필요한가 여겨지기 때문에 생략되기도 한다. 전제의 존재 자체를 잘 의식하지 못하는 것이다.

가령 "아프니까 오늘은 쉬자"라는 말의 전제는 "아프면 쉬어야 한다"이다. 너무 당연한 말이어서 마치 같은 말의 반복처럼 느껴진다. 하지만 생각해보면 "아프면 쉬어야 한다"라는 상식은 누구나 아는 것이며 공유하기 때문에, '아프니까'라는 이유가 '쉬어야 한다'라는 주장의 논거로서 설득력을 가지게 되는 것이다. 가령 전제 자체를 '아프면 더 열심히 일해야 낫는다'라거나, '아플 때는 소주 한잔 먹어야 낫는다'라고 생각하는 사람이 있다면 '아프니까 쉰다'라는 말은 합리적이지 않은 말이 된다.

그래서 생략된 전제를 찾아 곱씹어 보는 과정에서 논쟁이 발생하는 일이 왕왕 있다. 어떤 사람에게는 너무 당연한 전제가 어떤 사람에게는 그렇지 않은 경우도 많기 때문이다. 만약 "아프니까 청춘이다"라고 외치는 사람에게 "아프면 환자지 무슨 청춘이냐?"라고 반문하는 사람이 있다면 그것은 "청춘에는 성장통이 따른다"라는 전제를 용납하지 못한다는 것을 의미한다(사실 더 정확하게 보자면, 이런 비판을 하는 사람들은 '최근 사회가 청춘들에게 요구하는 성장통은 도가 지나치다'고 생각하는 것이다).

그래서 전제를 찾아서 그것을 정리하고, 전제로 제시된 부분이 동의할 만한 상식적인 선에 있는 것인가 아닌가를 판단해본다면 보다 더 풍부한 비판적 사고가 가능해진다.

'요즘 하도 많이 먹어서 뱃살이 나오고 있다'라는 명제를 분석해보자.

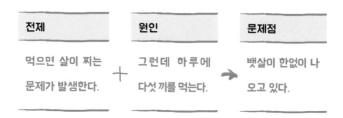

전제	원인	문제점
먹으면 살이 찌는 문제가 발생한다.	그런데 하루에 다섯 끼를 먹는다.	뱃살이 한없이 나오고 있다.

전제가 만약 이렇다면 관련 논문 결과를 들어 '먹는 것과 살이 찌는 것은 인과관계가 아닌 상관관계이므로 반드시 그 이유 때문이라고 할 수는 없다'거나 '뱃살이 나오는 것이 과연 문제인가?'

따위의 문제를 제기할 수도 있다.

분석적 사고는 사건, 결과들을 요소별로 잘라 보려는 노력의 결과물이다. 세상 모든 사건은 적어도 이 두 가지 요소를 반드시 가지고 있다고 보아야 한다. 회사일이나 정치적인 사건을 볼 때는 이른바 '의도'가 무엇인가 하는 의문이 들기도 하는데, 그것 역시 사건을 일으키는 원인이다.

우리가 익히 알고 있는 외국 기업 3M의 원래 이름은 미네소타 채광 제조회사^{Minnesota Mining and Manufacturing Co.}다. 이름에 M이 3번이나 들어갔다고 해서 3M이라는 애칭으로 불리다가 2002년에 회사명을 정식으로 '3M 컴퍼니^{3M Company}'로 변경했다.

3M은 원래 광산에 쓰이는 샌드페이퍼를 만드는 회사였지만, 지금 사람들이 떠올리는 3M의 대표 상품은 역시 포스트 잇^{Post it}이다. 바로 이 포스트 잇이 개발되는 과정은 극적이면서도 비판적 사고가 긍정적으로 적용된 사례라고 하겠다.

1970년에 이 회사의 연구원인 스펜서 실버는 강력 접착제를 개발하려다 실수로 접착력이 약하고 끈적거리지 않는 이상한 접착제를 만들었다. 그러나 그는 이 실패의 산물을 그냥 버리지 않고 사내 기술 세미나에 보고했다. 그리고 1974년에 같은 연구소 직원인 아서 프라이가 이 접착제를 사용할 수 있는 획기적인 아이디어를 떠올렸다. 교회의 성가대원이었던 아서는 그날 부를 찬

송가 사이에 책갈피를 끼워놓곤 했는데, 이것이 잘 떨어져서 곤혹을 겪은 적이 있었다. 그러던 차에 스펜서 실버의 접착제를 사용하여 붙였다 뗐다 할 수 있는 책갈피를 만들면 어떨까 하는 생각을 하게 된 것이다. 그리고 그는 연구에 몰두하여 1977년에 책갈피뿐만 아니라 메모지로도 활용 가능한 '포스트 스틱 노트Post-stick note'를 출시했다. 이것이 지금의 '포스트 잇'이다.

일반적으로 생각할 수 있는 사고의 과정은 "강력한 접착제를 개발해야 하는데 만들고 보니 접착력이 형편없는 제품이 되었다. 실패다" 정도다. 이것을 전제, 원인, 결과로 나누면 다음과 같이 분석할 수 있다.

> 전제 : 강력한 접착제를 개발해야 한다.
> 원인 : 개발된 접착제는 접착력이 매우 약하다.
> 결과 : 실패다.

각각의 분석 요소에 대한 비판을 생각해보면 다음과 같다.

> 전제 : 꼭 우리가 개발하는 것이 접착제여야 하는가?
> 원인 : 과연 이 접착제가 약하기만 할까?

그런데 여기서 원인은 비판할 요소가 없다. 개발 결과 나온 제품의 접착력이 약한 것은 사실이기 때문이다. 대신 전제를 염두에 두고, 접착제를 개발했지만 개발된 제품을 접착제로 한정해서 생각하지 않으면 된다. '접착력이 약한 것을 이용해서 만들 수 있는 다른 제품이 없을까?' 생각해보는 것이다. 그리고 이러한 '전제 뒤집기' 결과 세기의 발명품인 포스트 잇이 탄생할 수 있었다.

반론은 나의 힘

주장과 논거는 원인과 결과의 또 다른 형태다. 설득력 있는 주장이 제기되었을 때 반드시 뒤따라야 하는 것이 바로 논거다. 그래서 주장이 담긴 정보를 대할 때는 그에 대한 반론을 생각하며 볼 필요가 있다. 조목조목 반론을 해보았을 때, 그 반론에 합당한 대답을 갖고 있는 주장이 올바른 주장이기 때문이다.

새로운 기획이나 사업 제안에 대해 프레젠테이션을 했을 때 반드시 반론이 존재한다. 물론 반론 없는 프레젠테이션이 존재할 수는 있지만, 절대 유용할 수는 없다. 반론 없는 프레젠테이션은 '짜고 치는 고스톱'이거나, 아니면 사장님이 사원들을 대상으로 하는 강압적인 프레젠테이션 정도일 것이다.

65

A : 한류의 중심지인 대한민국은 관광사업 역시 잘될 수밖에 없을 것입니다.

B : 한류와 관광사업이 과연 밀접한 연관이 있을까요?

A : 아무래도 한국 사람이 부르는 노래를 듣고, 그들이 출연하는 드라마, 영화들을 보다 보면…….

B : 그런 점에서 한류는 한국이라는 땅보다는 배우나 가수 개개인에게 집중되고 있는 게 아니냐는 거죠. 〈별에서 온 그대〉를 보았다고 해서 모두 다 한국으로 관광을 오는 것은 아니잖아요. 차라리 〈별에서 온 그대〉의 남자 주인공을 초청해서 자국 내에서 행사를 가지는 것이 더 편하고, 자국에도 이익이 아니겠습니까?

이런 문답을 통해 드러나는 것은, 한류의 중심은 한국이 아니라 한국 연예인이라는 사실이다. 그렇다면 한류에 대한 관광사업도 한국 땅 자체보다는 한국 연예인들에게 맞춰져야 하고, 수출 상품도 유형보다는 무형의 콘텐츠에 더 집중하는 것이 맞다.

중요한 것은 '비판은 비난이 아니다'라는 사실을 정확히 이해하는 것이다. 비판은 이해를 위한 하나의 도구다. 자신의 일에, 자신의 주장에 반론이 따른다고 위축되거나 주저할 필요는 없다. 그런 반론을 견디고 이겨냈을 때 자신의 일과 주장이 더 완벽해지기 때문이다. 과학계에서는 '반론 가능성이 더 많은 이론일수록 과학적인 가치가 크다'는 말이 있다. 가령 '달은 지구 주위를 돈다'보다 '달은 지구 주위를 27.32일의 주기로 돈다'라는 말이 틀릴 가능성이 조금 더 크다. 하지만 과학적인 유용성으로 보자면 후자가 더 쓸모 있는 정보라는 것이다.

자신의 주장에 대해 스스로 비판을 가해보면 주장이 더 탄탄해지고 설득력이 높아질 수 있다. 다른 사람들과의 토론이나 이야기 과정에서 자신의 주장이 부정당했을 때 그것을 견디기 위해 설득하는 과정에서 조금 더 유용한 주장으로 거듭날 수 있다.

이렇게 전반적으로 자신의 주장에 적절한 논거를 붙일 수 있고 타인의 주장에 대해 논거와 주장, 전제를 구분해낼 줄 알며, 또 그 주장들에 대해 적절하게 반론할 수 있는 이 프로세스를 합하여 '논리적'이라고 부른다. 그래서 우리가 흔히 '논리적인 사람인가 아닌가'를 구분하는 방법은 바로 이러한 과정을 거치는가 안 거치는가라고 이야기할 수 있다. 이것이 분석적인 사람이 논리적인 토론에 강한 이유다.

그 통계는 믿을 수 없어! _논거 반론

논거는 대부분 객관적 사실에 기초한다. 주장이라는 것은 보통 한 사람의 가치 판단이나 생각에 근거하는데, 객관적 사실이 뒷받침되지 못한다면 그것은 다른 사람을 설득하는 말이 아니라 선전 선동문에 불과하다. 따라서 수치적인 정보나, 잘 알려진 정보 등의 객관적 사실이 논거로 많이 쓰인다.

논거		주장
사람들이 그러는데, 그 영화가 굉장히 재미있다더라.		그러니까 그 영화를 보러 가자.
세계적으로 저성장 기조가 오래 간 나라들의 경우를 보면	+	부동산이 폭락했다.
설문조사 결과 우리나라 젊은이들의 70%는 삶이 팍팍하다고 느낀다.		젊은이들이 현재 삶을 힘들어 하고 있다.

이렇게 놓고 보면 논거는 통계적이고 객관적으로 제시되는 경향이 있음을 알 수 있다. 그렇기 때문에 반론은 그런 통계 자체에 대한 의문점을 표하는 방식으로 전개할 수 있다. 통계의 표본수가 적어서 일반화할 수 없다든가, 샘플들이 대푯값이 될 수 없다든가, 통계 자체의 신뢰가 떨어진다든가 하는 식으로 논거를 부

정하는 것이다. 앞서 제시된 논거들에 대해 다음과 같은 반론을
제기할 수 있다.

논거		반론
사람들이 그러는데, 그 영화가 굉장히 재미있다더라.		몇몇 친구들의 이야기만 듣고 그 영화 자체를 판단할 수 없다. 많은 사람들이 그 영화를 재미없다고 하고 있다.
세계적으로 저성장 기조가 오래 간 나라들의 경우를 보면	+	그런 나라들은 이미 선진국으로 오랜 기간 지내 왔기 때문에 이제 선진국의 문턱에 들어선 우리나라와 비교하기에는 무리가 있다.
설문조사 결과 우리나라 젊은이들의 70%는 삶이 팍팍하다고 느낀다.		몇 명을 대상으로 설문조사를 한 것인지, 오차 범위는 어떠한지 알 수 없으므로 신뢰가 가지 않는다.

만약 이에 대한 재반론이 이루어진다면 처음 주장은 더욱 설득
력을 가지게 된다.

전제는 가치관, 상식, 일반적인 통념 등인 경우가 많다. 이른바 패러다임이라고 불리는 것들인데, 그러다 보니 흔히 생략되기도 한다. 누구나 다 인정하는 이야기기 때문이다.

어떤 사람한테 밥 먹으러 가자고 이야기할 때, "너도 알다시피 사람은 배가 고프면 무언가를 먹잖아. 너도 사람이지. 그리고 지금 배고프니까 먹으러 가자"라고 이야기하지는 않는다. 그 이유는 "배가 고프면 무언가를 먹는다"는 것은 사람들이 인정하는 상식에 속하기에 굳이 말할 필요가 없기 때문이다.

문제는 자신한테는 상식적인 이야기지만 어떤 사람한테는 그렇지 않을 때다. 가령 "아무리 자기 발등에 불이 떨어졌다지만 어려울 때 도와준 친구한테 그러면 안 되지"라는 말은, 자신에게 불이익이 있더라도 어려울 때 도와준 은혜를 잊어서는 안 된다는 전제를 공유하는 사람에게는 설득력 있는 말이 될 것이다. 하지만 아무리 은혜도 은혜지만 자기 코가 석 자인 상황이라면 당연히 그게 먼저라고 생각하는 사람에게는 설득력이 떨어질 수 있다.

전제에 대해 반론을 해보는 것은 자신이 가정한 상식의 패러다임이 과연 일반적인 사회적 통념과 일치하는가를 체크하는 것과 같다.

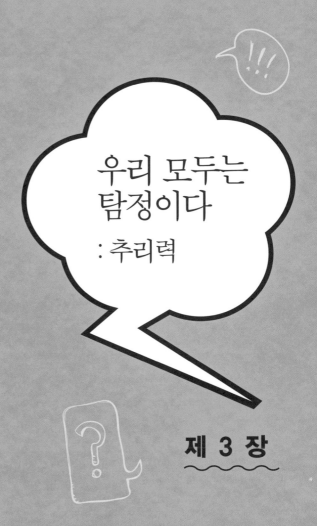

우리 모두는
탐정이다

: 추리력

제 3 장

CHAPTER 3

요즘 인재를 뽑을 때 가장 중요하게 생각하는 관문이 바로 AT 테스트, 즉 '적성 검사' 혹은 '적격성 검사'라고 앞에서 얘기한 바 있다. 여러 가지 영역으로 구성된 이 시험에서 가장 중요하게 여기는 과목은 바로 '추리'다.

　　물론 대기업에서 인재를 찾을 때 '우리는 추리력을 가진 인재를 찾습니다'라고 대놓고 언급하지는 않는다. 그러나 추리력의 응용 형태인 문제해결력, 기획력, 창의력, 논리적 사고력 등 다른 이름으로 추리력을 중점 테스트한다.

이처럼 사회를 이끌어갈 엘리트들, 기업에서 중추적으로 일할 사람을 뽑는 시험에서 추리력을 중요하게 본다는 말은, 다시 말하면 사회에서 능력을 발휘하려면 추리력이 있어야 한다는 의미다. 그렇다면 도대체 왜 사회는 추리력을 가진 인재를 뽑으려고 혈안이 되어 있을까?

대답은 간단하다. 기업에서 추리력을 원하는 이유는 기업의 목적에 부합하기 때문이며, 기업의 목적은 '이윤 추구', 다시 말해 '돈 버는 것'이다. 따라서 기업에서 원하는 인재는 아무리 그럴듯한 말로 포장한다 해도 핵심은 '돈 벌 줄 아는 사람'이다. 즉, 추리력이 돈 버는 능력의 핵심이라는 말이다.

일러진 정보가 새 정보를 만든다

'추리'라는 말을 들었을 때 대부분 셜록 홈즈 아니면 코난이나 김전일 정도를 생각할 것이다. 추리소설 혹은 추리만화와 관련된 인물들 말이다.

10여 명의 친구들과 소형버스를 빌려 타고 함께 가는 여행길. 히치하이킹 하는 사람이 있어 우연히 태웠는데 알고 보니 재수없게 김전일이었다(이 여행길이 피로 물들 것임을 예고한다). 이

74

런 여행은 주로 다리가 하나밖에 없는 섬이 목적지다. 그리고 숙소에서 여장을 푸는 순간 하나밖에 없는 다리가 화재로 소실되고, 갑자기 기상 악화로 사흘 정도는 있어야 그곳에서 나올 수 있다.

보통은 같이 쓰는 숙소도 있으련만 이런 정황일수록 1인 1실을 쓰는데, 밤에 삐걱거리는 소리나 을씨년스런 기분 때문에 잠을 설친다. 아침에 조금 일찍 거실로 내려오는데, 스산한 가운데 현관을 보니 문이 활짝 열려 있다. 문을 닫고 돌아서는데, 그 맞은편 벽에 시체가 피를 뚝뚝 흘리며 매달려 있고, 그 위에 피로 '복수'라고 쓰여 있다.

'꺄아악' 비명을 지르니 사람들이 몰려 내려온다. 정신을 차리고 보니 이상한 정황이 많다. 열려 있는 현관문, 깨져 있는 유리창, 바닥에 물이 흥건히 고여 있고, 시계는 새벽 4시에 멈춰 있다. 그래서 사람들은 새벽 4시에 알리바이가 없는 사람을 찾는다(사실 이 시간에 알리바이가 있는 게 더 이상하긴 하다). 다들 어느 정도는 알리바이 비슷한게 있는데, 한 명만 행적이 묘연하다. '혹시 저 사람이……?' 하고 사람들이 생각하는데 다음날 이 사람은 싸늘한 시체로 냉장고에서 발견된다. 김전일은 늘 연쇄살인이니까 말이다.

이러저러해서 범인이 밝혀지고 김전일은 사람들을 한곳에 모아 놓고 '추리쇼'를 한다. 이때 김전일은 멋대가리 없이 범인을 지목하지 않는다. 모여 있는 사람들 모두에게 그날 무슨 일이 있었는지, 어떤 이유로 문이 열려 있고, 유리창이 깨져 있고, 물이 고여 있었으며 범행 시간이 4시가 아니었는데도 왜 4시에 시계가 멈춰 있었는지, 그리고 심지어 왜 시체를 매달았어야 했는지까지도 모두 설명해준다. 그 후에야 이 모든 사실을 고려할 때 '범인은 너밖에 없어'라고 범인을 지목한다. 그러면 범인은 "사실 20년 전……" 하며 살인의 동기를 책 한 권 분량으로 얘기한다.

추리만화의 패턴은 보통 이런 식인데, 여기서 관심을 가지고 볼 부분은 바로 여러 가지 증거들을 하나로 꿰는 '추리'라는 형태다. '열려 있는 현관문', '깨져 있는 유리창', '바닥에 고인 물', '새벽 4시에 멈춘 시계' 등 정보들은 누구라도 알 수 있게 나열되어 있다. 이것을 일련의 스토리에 맞게 하나로 꿰어 맞추는 것이 바로 추리다. 추리를 통해 우리는 그 전에 알지 못했던 '범인이 누구인지'에 대한 새로운 정보를 알게 된다. 즉, 알려진 정보들을 모아서 새로운 정보를 만들어내는 것이 추리인 것이다.

추리라고 하면 굉장히 마니아틱하고, 탐정소설이나 좋아하는 사람들의 전유물로 생각하기 쉽지만, 실제로는 매일매일 일어나는 인간의 사고가 추리로 구성되어 있다. 인간 생활에 가장 필요한 것이 추리인 셈이다.

1) 배가 고프다 + 지금이 12시다 + 보통 12시부터 점심시간이다
= 그러므로 지금 밥을 먹으러 가야겠다.
2) 이 길이 사람이 많이 지나다니는 골목이다 + 통행량이 많으면
손님도 많을 수 있다 = 이 골목에 가게를 차리는 것이 좋겠다.
3) 중국에서는 자본주의적인 시스템이 자리 잡고 있다 + 아직 개
발 초창기의 국가다 = 지금 들어가면 중국에서 큰 기회를 잡을
수 있겠다.

이런 모든 사고는 바로 추리에 기반한 것이다. '알려진 정보 + 알
려진 정보 = 새로운 정보'가 된다. 보통 '알려진 정보'는 지식의
영역이다. 필요할 때 지식을 꺼내는 것을 우리는 '기억한다'고 한
다. 그리고 여러 가지 '알려진 정보'들을 합해서 결론을 내는 것
을 '생각한다'고 말한다. 그런데 이것을 '추리'라고 부른다는 것
은 결국 인간의 생각, 사고의 핵심 정체가 '추리'라는 의미다.

스마트한 사람에게 꼭 있는 것

인간 사고의 핵심 정체가 추리라고 한다면, 스마트한 사람의 조
건으로 추리력을 요구하는 것은 당연한 일이다. 물론 스마트하지
않은 사람도 추리는 하겠지만, 추리를 얼마나 잘 수행하느냐가

바로 스마트한 사람의 조건이 될 것이다.

직장생활을 하다 보면 '일머리가 좋다'라는 말을 듣는 사람이 있다. 일을 잘하는 사람을 말하는데, 사업의 맥을 짚는 감각적인 것에서부터 회사에 찾아온 바이어를 배려하는 작은 것에 이르기까지 일머리가 좋은 사람은 표시가 나게 되어 있다. 예를 들어 바이어에게 서류들을 이것저것 준 다음에, 그것을 담아갈 쇼핑백을 챙겨준다든가 하는 사소한 배려에도 일머리가 좋은 사람과 그렇지 않은 사람의 차이가 있다.

서류가 많이 생겼다 + 바이어가 가져온 가방은 작다 = 서류를 담아 가기에 불편을 겪을 것이다.

이런 사고를 거쳐 미리 쇼핑백을 준비하는 것인데, 이 또한 추리의 작용이다. 직장생활에서 눈치 있게 행동해야 한다는 말을 많이 들을 것이다. 좋은 말로는 센스가 있다고 하는데, 그런 센스도 결국은 추리의 작용이다. 조금 더 중요한 일에도 추리는 필수다. 가령 회사가 중국 사업에 관심이 있어서 중국 진출을 결정할 때도 추리가 필요하다. 다음과 같은 사고 작용을 통해 중국 진출을 결정하거나 미루게 되는 것이다.

중국의 시장 상황 + 우리 제품에 대한 중국 소비자 반응 + 중국의 문화와 우리 문화의 차이 = 경쟁력이 있겠다(혹은 없겠다).

알고 있는 정보들을 활용하여 추리의 판단 재료로 삼긴 하지만, 그러한 정보들은 돈으로 바꾸기에는 경쟁력이 없는 것들이다. 누구나 알고 있는 것이기 때문이다. 중요한 것은 그 정보들을 합해서 새로운 정보들을 뽑아내는 능력이다.

지금 우리 사회는 갈수록 정보를 얻기가 쉬워지고, 접근 불가능한 정보의 영역이 점점 사라지고 있다. '빅데이터'라 불릴 만큼 정보의 양과 질이 증가하고 있다. 말 그대로 정보의 홍수시대다. 누가 더 많은 정보를 가졌나가 권력을 결정하는 시대는 이미 지났다. 지금은 주어진 정보를 누가 더 잘 활용하는가 하는 시대다. 그리고 그 능력의 핵심에 바로 추리력이 자리하고 있다.

중동에서 일어나는 'IS 문제가 어떤 것이다'를 설명할 필요가 없다. 지금 당장 스마트폰만 몇 번 두드리면 누구나 알 수 있으니까. 정작 중요한 문제는 그것이 내 생업에 어떤 영향을 미칠 것이며, 그에 따라 생업의 방향을 어떻게 조절할 것인가이다. 하지만 이것에 대한 정보는 어디에도 없으며, 필요한 정보를 얻으려면 여러 정보를 모아서 스스로 결론을 내릴 수밖에 없다. 그렇게 할 수 있는 능력이 추리능력이다. 인재의 핵심 조건이 추리력이라고 단정적으로 말해도 괜찮은 이유가 바로 여기에 있다.

필연적이냐 개연적이냐
― 연역추리와 귀납추리

앞서 추리가 '알려진 정보들의 합으로 새로운 정보를 만들어내는 것'이라고 했는데, 정보를 합하는 방법에는 몇 가지가 있다. 그중 대표적인 것이 바로 연역추리법과 귀납추리법이다.

어린 시절 수업 시간에 한 번쯤은 들어봤을 연역법과 귀납법이 추리의 대표적 방법이라는 것이 의외일 수도 있다. 하지만 이 두 가지에 대한 이해만 정확하다면 추리의 프로세스를 이해하는 것은 굉장히 쉬운 일이 된다. 우선 연역법과 귀납법의 대표적인 예를 생각해보자.

연역법	귀납법
① 모든 사람은 죽는다.	① 소C는 죽는다.
② 소C는 사람이다.	② 아C도 죽는다.
------------------------	------------------------
③ (그러므로) 소C는 죽는다.	③ (그러므로) 모든 사람은 죽는다.

이 두 방법의 차이는 무엇일까? 간단하게 말하면 결론의 필연성과 개연성이다. 연역법과 귀납법 모두 ①번과 ②번 정보는 주어

진 정보, 즉 알려진 정보다. 그리고 알려진 두 정보를 합해서 만들어낸 새로운 정보가 ③번이다.

연역법의 경우, ①번과 ②번이 사실이라면 ③번 결론은 어떤 상황에서도 참이 된다. '모든 사람은 다 죽는다'는 원리가 인정되는 순간, 소C가 사람이니까 결국 '소C는 죽는다'는 결론을 함께 인정하는 것과 마찬가지다. 이런 결론을 필연적 결론이라고 한다.

반면 귀납법에서는 ①번과 ②번이 사실이라고 해도 ③번이 반드시 사실이라고 할 수는 없다. 이런 사례가 많아질수록 '모든 사람이 죽는다'는 일반적인 결론은 '그럴 듯' 하게 된다. 그러나 '반드시' 그렇게 되는 것은 아니다. 이런 상태를 개연성 있는 결론이라고 한다.

이처럼 연역법과 귀납법은 필연성 있는 결론인가, 개연성만 있는 결론인가에 따라 갈린다. 따라서 연역적 추리는 알려진 정보들을 합해 반드시 참이 되는 필연적인 새로운 정보를 끌어내는 방법이고, 귀납적 추리는 알려진 정보들을 합해 개연성 있는 정보를 찾아내는 방법이다. 하지만 귀납적 추리로 인해 나오는 결론은 틀릴 가능성도 있다.

연역추리는 축소형 구조를 가지고 있고 귀납추리는 확장형 구조를 가지고 있다. 결론의 크기를 비교해보면, 연역추리는 일반화 전제에서 특수화 결론으로, 귀납추리는 특수화 전제에서 일반화 결론으로 가고 있다.

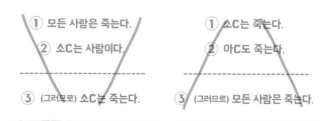

① 모든 사람은 죽는다.
② 소C는 사람이다.
----
③ (그러므로) 소C는 죽는다.

① 소C는 죽는다.
② 아C도 죽는다.
----
③ (그러므로) 모든 사람은 죽는다.

연역적 추리에서 시작점은 큰 이야기고, 결론은 작은 이야기다. 이것을 다르게 표현하자면, 연역적 추리는 구성상 원리나 원칙, 규칙, 이상, 공유하는 상식 등이 제일 먼저 전제로 제시된다는 것이다. 이 전제는 모두가 인정하는 사실이어야 힘이 생기는 것이니만큼 우리 사회의 진리라고도 할 수 있다. 그리고 특정 경우가 대전제에 해당된다는 사실 확인이 소전제로 제시되고, 특정 경우가 그래서 이 대전제에 해당된다는 것이 결론이다. 연역적 추리는 확실하게 참이 되는 결론이라는 장점은 있지만, 이미 알고 있는 지식의 확장형에 불과하다는 단점도 분명히 있다.

반면 귀납적 추리는 시작점의 이야기는 작지만, 그런 이야기들을 모아서 결론을 크게 만든다. 특정 경우들을 모아서 일반화하는 것이다. 제시되는 전제들은 여러 가지 경우들이고, 이런 전제들을 관통하는 공통점을 찾아 일반화하는 것이 결론이 된다. 따라서 새로 만들어낸 지식은 조금 더 확장된 형태의 지식이 된다. 그렇기 때문에 과학이 보통 귀납적 방법을 따르고 있는 것이다. 이것이 귀납적 추리의 장점인 반면, 결론이 틀릴 수도 있다는 것이 단점이다.

한마디로 정리하자면, 연역적 추리는 '상식적인 원리 대기'라고 할 수 있고, 귀납적 추리는 '숨겨진 원리 찾기'라고 할 수 있다. 얼핏 듣기에 반드시 참이 된다는 측면에서 연역적 추리가 가장 바람직한 모델인 것 같지만, 사실 사회생활에서 핵심 경쟁력이 되는 것은 귀납적 추리다. 대부분 경쟁력이 되는 추리의 결론들은 아직 일어나지 않은 현상이나 사건들을 예측하는 것이니만큼, 확실한 사실이란 있을 수 없다. 따라서 여러 가지 경우들에서 추출한 공통점을 잘 일반화해서 유용한 정보로 만들어내는 것이 훨씬 중요하다.

예를 들어 커피숍을 낸다고 해도 그냥 내는 것이 아니라 시내에서 잘 나간다는 커피숍들을 다 돌아보고, 잘 나가는 커피숍의 공통점이 무엇인지 파악한 뒤에 벤치마킹을 하면 성공 확률을 높일 수 있다. 이것이 전형적인 귀납적 추리다.

실용적인 추리법
― 유비적 추리

귀납적 추리는 우리 사회에서 폭넓게 이루어진다. 데이터 수집이 점점 더 쉽고 편해지면서 빅데이터까지 다루게 된 인간에게 귀납적 추리의 유용성은 더욱 커질 것이 분명하다. 그런데 문제는 귀납적 추리만을 가동할 만큼 충분한 데이터를 가지지 못하는 경우도 있다는 것이다. 대표적인 예로는, 인간의 출현 및 생존 조건에 대한 것을 들 수 있다. '물과 공기가 있기 때문에 지구에서 인간이 살고 있다'는 것은 맞지만 이것이 인간이 출현하고 생존하는 조건으로 일반화될 수 있는 것인지는 알 수 없다. 우주 전체에 아직 지구밖에 샘플이 없기 때문이다.

우주적인 차원의 이야기가 아니더라도, 데이터를 얻는 것이 자유롭지 못한 경우는 많다. 경쟁 회사의 매출 데이터를 알아낸다거나 하는 경우처럼 말이다. 이렇게 되면 귀납적 추리의 결론이 그럴듯해질 만큼 일반화의 샘플을 얻을 수 없다. 이럴 경우 접근하는 추리법이 바로 유비추리법이다. 이것을 줄여서 '유추'라고 한다.

가령 복사지를 중국에 수출하려고 하는 회사라면, 외국의 복사지 회사가 어떤 식으로 중국에 진출해서 장사를 하는지 사례를 연구할 것이다. 외국 복사지 회사의 진출 사례와 과정을 바탕으로 자사의 수출 전략을 유비적으로 추리해내는 것이다. 만약 이런 과정을 거쳐 중국에 성공적으로 진출한다면 다음에 베트남으로 진출할 때는 자사의 중국 진출 전략과 과정이 유비추리의 기본 재료가 될 것이다.

2013년 5월 LG 트윈스와 SK 와이번스의 프로야구 시합에서, LG가 승리했고 이날 결승타점을 올린 정의윤 선수가 인터뷰를 했다. 인터뷰어는 정인영 아나운서였는데, 인터뷰 도중 임모 선수가 미리 준비한 소형 양동이에 물을 받아 뒤집어씌우는 물폭탄 세리모니를 했다. 문제는 그 물폭탄이 정인영 아나운서에게 정통으로 명중했다는 것이다. 이를 두고 야구선수의 인성이 어쩌고 하는 여론들이 생겨나면서 야구선수들을 개념 없는 사람들로 몰고 갔고, 이에 대해 선수협도 본격적으로 반박을 하며 시끌벅적해졌다.

물폭탄을 아나운서에게 투하했던 야구선수의 사과로 이 논란은 일단락이 되었는데, 재미있는 것은 그 후 야구팬들이 미국 프로야구에서 비슷한 장면이 있을 때마다 이 장면을 언급하면서 비꼬았다는 점이다. '메이저리그도 물폭탄 세리머니를 인터뷰어가 같이 당하는 것에 대해서 관대한데, 우리나라는 왜?'라는 뉘앙스로 말이다.

이 논란 속에는 재미있는 유비적 추론의 과정이 있다. "메이저리그도 이런데……"라는 생각이 바로 유비추리의 핵심이다. '메이저리그처럼 수준 높은 리그도 물폭탄에 관대한데, 왜 한국 리그 정도의 수준에서……'라는 생각의 기저에는 한국의 프로야구가 메이저리그를 지향한다는 의미가 어느 정도 담겨 있다. 즉, 두 리그가 어느 정도 비슷하다는 전제를 가지기에 이런 비교가 가능한 것이다.

"메이저리그도 이런데⋯⋯"라고 할 때, '거기는 거기고, 우리는 우리다. 거기서 그런다고 우리도 그러라는 법은 없다'는 반론이 제기된다면, 적어도 이런 반론을 하는 사람은 메이저리그와 우리 리그는 지향점도, 특성도 다르다고 생각하는 것이다.

'일본은 잃어버린 10년이라는 저성장 기조 이후 부동산이 폭락해서 지금도 바닥이다. 그러므로 한국도 저성장 기조 후에 찾아올 집값 폭락의 장기화 사태에 대비해야 한다'는 주장에는 일본과 한국의 부동산 움직임이 유사하다는 전제가 깔려 있다. 일본과 한국의 부동산 움직임이 매우 비슷하다는 전제에 동의하는 사람에게 이 주장은 매우 설득력 있는 주장이고, 그렇지 않다고 생각하는 사람에게는 그다지 효과가 없는 주장이 된다.

그래서 유비추리에서 가장 중요한 것은 대비되는 사례가 과연 유사하다고 인정되는가 하는 점이다. 이 점에서 공감이 가면 유비추리는 강력한 설득력을 갖고 그렇지 않다면 아무리 유사한 점을 늘어놓아도 공감을 얻기 힘들다.

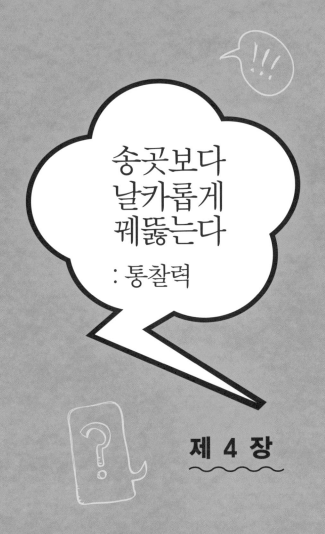

송곳보다
날카롭게
꿰뚫는다

: 통찰력

제 4 장

제임스라는 분은
박 과장님이시군요.
제임스 박!
그렇죠, 박 사장님?

CHAPTER 4

Insight는 우리말로 '안목'이라는 뜻도 있지만 주로 '통찰'이라고 번역한다. 그런데 Insight에서 sight는 '시각', '시야'를 의미하고, in은 '안'을 뜻하므로, 결국 '시야 안에 있다', 또는 '안에서의 시야' 또는 '안을 들여다본다'는 뜻이 되면서, '어떤 사건이나 상황, 사물을 깊이 그리고 자세히 볼 수 있다'는 의미로 쓰인다.

그런데 우리말로 '통찰'이라고 번역한다면, 이건 약간 의미가 다르다. '통찰'은 '예리한 관찰력으로 한번에 꿰뚫어 본다'는 의미인데, 중요한 것은 '꿰뚫어 본다'는 의미가 현상에 머물지 않고, 그 안의 원리나 숨겨진 내용까지 이해한다는 의미를 담고 있다는 것이다.

'예리한 관찰'이라는 전제는 우리가 앞에서 죽어라 외쳤던 '관찰'과 그에 따른 '정보 이해'를 말하는 것으로, 결국 알려진 정보를 바탕으로 아직 알려지지 않은 숨겨진 정보를 찾아내는 것이 통찰이라는 말이다. 따라서 '통찰력'이라는 말은 앞에서 정리한 사고 작용의 과정, 즉 정보 이해와 그에 따른 추리라고 간단히 설명할 수 있다.

통찰력이라는 말은 신문의 칼럼 제목으로도 많이 붙는다. 그런데 그 칼럼의 내용을 보면 경제나 미래에 대한 예측이 많다. 그 예측은 그냥 감으로 대충 말하는 것이 아니다. 객관적 자료와 지표들을 분석하여 지표들의 움직임 속에 숨겨진 원리들을 찾아낸 다음, 그에 맞춰 예측을 한다. 만약 원리가 겉으로 드러나 있더면 이해력을 필요로 할 뿐, 통찰력이 필요하지는 않다.

'통찰력' 하면 떠오르는 인물은 바로 〈미생〉의 장그래다. '검정고시 출신 고졸에 취미도 특기도 없지만 신중함과 통찰력, 따뜻함을 지닌 장그래'라는 캐릭터는 전쟁터인 대기업에서 고졸 계약직 사원으로서 능력을 인정받고 있다. 장그래가 무기로 내세울 수 있는 것은 '통찰력'밖에 없다. 다른 특징은 '능력'이 아닌 '인성'에 대한 묘사기 때문이다.

고졸 낙하산 사원인 장그래의 핵심 경쟁력은 바둑을 두면서 배운 통찰력이다. 벌어지는 상황을 분석하고, 그 안에 감춰진 의도를 읽어내며, 예측되는 미래에 대한 최적의 솔루션을 찾아내는 통찰력을 장그래는 보여준다.

팀에 새로 합류한 박 과장 때문에 속앓이하는 영업3팀 팀원들. 박 과장이 추진하는 요르단 건에 지나치게 협력업체의 이익이 많이 책정된 것을 알게 된 영업3팀은 이를 회사 감사팀에 정식 보고한다. 장그래와 김 대리는 감사팀과 같이 박 과장을 상대하는데, 각종 문서를 대조해봐도 특별한 혐의점을 찾을 수 없어 오히려 영업3팀에게 불리한 상황이 된다.

특별한 소득 없이 감사를 종료하려는 순간, 장그래는 조금 전 요르단에 있는 협력업체에 팩스를 넣고 통화하던 한국의 협력업체 직원이 우리말로 통화하던 것을 기억해낸다.

"아까 요르단 업체에 전화하실 때 우리말로 하시던데, 거기에 한국인 직원이 있는 겁니까?"

서류상에는 한국인 직원이 없다고 되어 있으니 수상할 수밖에. 감사팀은 다시 자리를 잡고 재조사에 착수한다. 자기도 속은 것이라고 발뺌하는 박 과장. 그때 서류를 주시하던 장그래는 새로운 사실을 알아낸다.

"제임스라는 분은 박 과장님이시군요. 제임스 박! 그렇죠, 박 사장님?"

요르단 컴퍼니의 실소유주는 박 과장이었다. 제임스 박이라는 이름으로 현지법인을 내고, 원인터내셔널과 계약함으로써 얻게 된 이익을 모두 자기 주머니에 털어넣었던 것이다.

상황과 사건, 표면적인 사실들은 감사팀을 포함해서 누구나 다 알고 있었지만, 장그래가 그 안에 숨겨진 사실을 찾아낼 수 있었던 이유는 그에게 통찰력이 있었기 때문이다. 그리고 그에 앞서 충분한 정보 수집 단계가 있었다.

동료인 장백기에게 전화해서 박 과장 영어 이름이 뭔지 알아봐 달라고 부탁을 하고, 요르단 쪽 계약서상에 있는 직원 외의 임원과 이사진의 명단을 팩스로 보내달라고 한다. 그리고 팩스로 받은 임원진 명단 중에 박씨가 셋이나 끼어 있다는 것을 알게 된다. 이 정보들이 모여서 나온 결론이 장그래의 추측이 된 것이다.

이 과정을 보면, 결국 통찰력이라는 것은 정보 이해와 그에 따른 추리임을 다시 한 번 확인할 수 있다. '뇌섹남'이라는 말이 유행할 때, '뇌가 섹시하다'는 수식어가 붙은 사람들을 보자. 방송인 중에서는 허지웅, 성시경 등을 꼽을 수 있다. 이들의 공통점은 어떤 현상이나 사건을 일단 자신의 시각에서 분석한다는 것이다. 그리고 그 사건들을 일반화해서 어떤 법칙을 내놓는다든가, 아니면 추리를 통해 가장 적절한 대안을 내놓는다든가 하는 식으로 사고를 전개한다. 바로 '분석과 추리'다. 이것이 경제에 적용되면 경제에 대한 통찰이 되는 것이고, 돈을 벌 수 있는 능력이 된다. 만약 이것을 연애에 대입하면 여심 혹은 남심을 사로잡을 수 있는 경쟁력이 된다.

종편이나 케이블 방송의 인기 예능 프로그램 중 연예에 대한 분석과 진단을 해주는 프로그램이 많다. 그런 예능 프로그램들의 대부분은 남자나 여자의 행동과 말을 분석해서 그것이 호감을 의미하는 것인지, 고백하면 성공 가능성이 있다는 의미인지 등을 분석해준다.

그때 남자와 여자의 행동이나 말을 정확히 파악하는 관찰이 선행된다. 그리고 거기에 자신의 경험이나 일반화된 이야기 등과 같이 제시된 정보를 합하여 그 안에 내재된 심리를 알아내는 추리 작용이 잇따라 일어난다. 그리고 어떻게 행동하는 것이 최선인지를 조언해주는 것으로 마무리된다. 연애 문제에서조차 통찰력이 필요한 것이다.

결국 뇌섹남의 정체, 스마트한 생각의 비밀은 '정보 이해 → 정보 분석 → 새로운 정보 추리'라는 프로세스에 있고, 그것들을 한 마디로 '통찰력'이라고 부른다는 것을 알아야 한다.

조금 더 일반화해서 말하면, 통찰력이란 사건들의 숨겨진 원리 찾기 정도라고 줄여 말할 수도 있겠다. 그래서 잘나가는 커피숍의 공통점을 찾아내서 벤치마킹의 요소로 삼는 것, 최근에 인기를 끄는 IT제품들의 매력 포인트를 종합해서 새로운 인기 상품을 만들어 내는 것, 성공한 사람들의 행동들을 분석해서 자신의 행동지침으로 삼는 것. 이 모든 것들이 바로 통찰력이 발휘된 사례라고 할 수 있는 것이다.

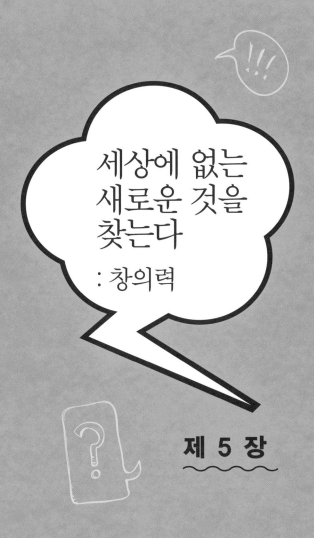

세상에 없는
새로운 것을
찾는다

: 창의력

제 5 장

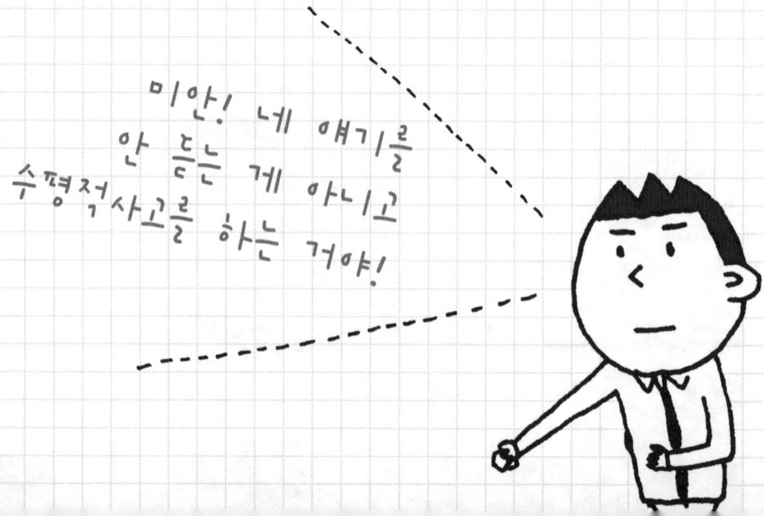
미안! 네 얘기를
안 듣는 게 아니고
수평적사고를 하는 거야!

CHAPTER 5

창의력은 보통 두 가지로 나뉜다. '하늘이 내려주는' 천재의 창의력과, '노력해서 다다를 수 있는' 인재의 창의력이다.

　'창의력'이라고 하면 흔히 떠올리는 천재들의 창의력은 예술적인 영감일 때가 많다. 따라서 그런 창의력은 신의 선물이다. 존 롤스처럼 '어떤 개인이 재능을 부여받은 것은 행운의 결과'일 뿐이라고 생각하는 철학자도 있다. 롤스는 이렇게 특정인에게 부여된 재능은 사회가 같이 써야 하는 공공재이므로, 천재들은 사회에 공헌해야 한다고 주장했다.

그런데 천재들의 창의성은 실용적이지 못한 경우가 많다. 그들의 예술 작품은 어떻게 보면 자신의 내면과 욕구를 자신만의 언어로 표출한 극단적 이기심으로 볼 수도 있기 때문에, 그들의 작품을 모든 사람들이 공유하고 실용적으로 활용하기에는 어려울 때가 많은 것이다.

이 책에서 말하고자 하는 창의력은 이런 천재들의 창의력이 아니다. 천재들의 창의력은 사회적이기보다는 개인적이고, 포지티브하기보다는 네거티브한 경우가 많고, 유용하기보다는 유일하다. 그래서 우리가 관심을 두고, '널리 인간을 이롭게 하고자' 활용할 수 있는 창의성은 바로 인재들의 창의성이다. 우리가 미래 인재를 얘기할 때는 노력을 통해 다다를 수 있는 창의성에 대해서 이야기하는 것이 바람직한 것이다.

최근 우리 사회에서는 창의력 열풍이 불고 있다. 학교에서는 창의인성 교육을 강조하고, 회사에서는 부장님들이 창의력 있는 기획안을 가져오라고 성화다. 신입사원을 뽑을 때도 창의성을 보여 달라고 취업준비생들을 압박한다.

하지만 이건 함정이다. 정말 지구상에 없었던 창의적인 생각을 펼치면 아예 눈밖에 난다. 대한민국에서 처음으로 내는 창의적인 기획안이라면 부장님에게 욕먹을 각오를 해야 할 것이다. "책임은 누가 질 건데?"라는 물음에 답을 해야 하기 때문이다.

따라서 창의력을 '세상에 없던 새로운 생각'이 아니라, '사건이나 사물의 또 다른 면을 바라볼 수 있는 관점 전환 능력' 정도로 인식해야 한다. 앞서 천재들의 창의력과 인재들의 창의력을 구별 했는데, 천재들의 창의력은 하늘 아래 없던 새로운 것을 만들어내 는 것인 반면, 인재들의 창의력은 기존에 있던 것들을 재해석하거 나 융합하여 새로운 쓰임을 찾아내는 것이다. 그래서 인재들의 창 의력의 핵심은 유연한 사고, 즉 관점 전환 능력으로 볼 수 있다.

말랑말랑 유연하게
― 관점 전환 능력

필자는 초창기 멘사 회원으로, 정확하게는 1998년 2월 회원이 다. 사람들은 멘사 회원들이 자기가 멘사인 것을 무척 자랑할 것 이라고 오해하곤 하는데, 사실은 그렇지 않다. 필자의 경우는 하 는 일에 필요하다 보니 이력 사항에 밝혀두긴 하지만, 평소에 멘 사 회원이라고 스스로 떠드는 편은 아니다. 그렇다고 겸손해서 그런 것은 아니다. 처음 멘사 회원으로 인증 받은 당시에는 어린 마음에 멋모르고 여기저기 자랑을 했는데, 주위 반응이 결코 좋 지 않았다. '그래서 뭐?'라는 반응이 첫 번째고, 이어지는 반응은 무슨 일을 해도 '멘사라면서 이런 것도 몰라?', '멘사는 어떻게 하 는지 볼까?' 정도여서, 멘사 회원이라는 사실이 약간 비아냥의 대상이 되는 듯한 느낌이 많이 들었다.

그래도 가끔 순수한 호기심으로 멘사에 대해서 물어보는 사람들이 있는데, 그들 질문의 첫 번째는 '멘사의 기준은 아이큐가 도대체 얼마나' 하는 것이고, 두 번째는 '어떻게 그걸 측정하느냐' 하는 것이다. 한마디로 '어떻게 하면 멘사 회원이 되는 것이냐'라는 질문으로 압축할 수 있다.

일단 기준은 아이큐 148 이상이고, 멘사에서 실시하는 시험에 합격을 해야 한다. 요즘도 그렇겠지만, 1998년의 멘사 시험은 전 세계 공통이어서 시험지가 외국에서 밀봉되어 건너오고 답안지도 밀봉되어 건너간 뒤 채점해 오는 시스템이었다. 그렇게 보안이 철저하다 보니, 시험 문제가 어떻게 나오는지도 잘 몰랐다. 그래서 멘사 시험 문제의 형식을 알려주는 것이 하나의 스포일러가 되곤 했는데, 요즘에야 워낙 많이 알려져 있다 보니 딱히 비밀 유출이라고 할 수는 없을 것 같다.

멘사 시험 문제는 8가지의 도형을 주고, 마지막 9번째 올 도형을 찾는 것이었다. 아마 8지선다형으로 기억한다. 8가지 도형은 3×3 행렬처럼 제시되고 마지막 행, 마지막 열에 들어갈 도형을 찾는 것으로, 이미 주어진 8가지 도형들에서 규칙을 유추해 내는 것이었다. 예를 들어 다음과 같은 것들이다.

빈칸에 들어갈 알맞은 도형을 고르시오.

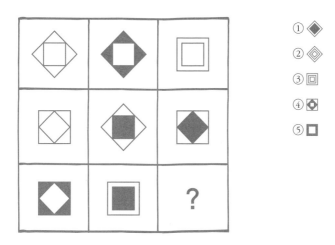

이 문제는 세 개씩 세트로 구성되어 있다. 도형이 두 개인데, 그 냥 색칠이 안 된 것과 그중에 하나 색칠된 것, 그리고 그것이 반 전된 것. 이렇게 3개씩 세트로 구성된다.

◇ → ◈ → ◆ 인 식이다.

a	b	c
d	e	f
g	h	?

a, e, b가 한 세트고 d, f, g가 한 세트이므로 c, h, ?가 한 세트가 된다. 그러므로 물음표에는 h가 반전된 모양인 ⑤가 와야 한다.

지금 소개하는 원리들이야 그만저만하게 찾을 수 있는 것이지만, 40문제나 되는 이런 규칙들을 풀다 보면 정말 머리가 돌지경이다.

멘사 문제가 이런 도형 형식으로 나오는 이유는 '전 세계 공통'이기 때문이다. 문자가 들어간 텍스트 문제로 하려면 영어로 구성해야 하고, 그렇게 되면 영어 사용권자들에게 유리할 수밖에 없다. 또한 수학 잘하는 인도 사람들만 유리할 수 있는 수학 문제도 배제하려다 보니, 전 세계에서 통용되는 그림을 가지고 문제를 구성한 것이다.

이쯤에서 한 가지 궁금증이 생긴다. '멘사 시험에서 중요하게 생각하며, 전 세계에서 통용되고, 유형도 하나밖에 없는 이 도형 문제의 의미는 도대체 무엇인가?' 하는 것이다. 그림 맞추기를 잘하는 것이 어떻게 'IQ가 좋다', '머리가 뛰어나다'와 같은 특성으로 연결될 수 있는가?

사실 이 문제들은 숨겨진 원리 찾기의 전형이라고 할 수 있다. 도형들의 변화 사이에 감춰진 원리를 최대한 빠른 시간 안에 찾아내고 일반화할 수 있는 능력을 측정하는 것이다.

이 문제들을 풀기 위해 가장 필요한 것은 유연한 사고다. 라인을 따라 변화할 수도 있고, 도형들의 합을 이용하는 것일 수도 있고, 도형에서 도형을 빼면 나오는 모양일 수도 있다. 빠른 시간 안에 가능한 원리들을 최대한 생각해서 이리저리 적용해보는 능력이 필요하다 보니, 유연한 관점 전환 능력이 발휘되어야 하는 것이다.

아이들을 대상으로 한 창의성 검사에서도 관점 전환 능력을 테스트한다. 토란스^{Torrance}의 '토란스 창의성 검사'는 확산적 사고와 문제해결 능력을 체크하는 형태로 구성되어 있는데, 다음과 같은 하위 검사가 실시된다.

(1) 활동 1 : 질문하기 (제한 시간 5분)

하나의 그림을 제시·사용한다. 제시된 하나의 모호한 그림을 보고 어떤 일이 일어나고 있는지를 확실히 알기 위하여 물어볼 필요가 있는 질문들을 적도록 한다.

(2) 활동 2 : 원인 추측하기 (제한 시간 5분)

그림에서 일어난 일이 벌어지기 전에 일어났을 법한 원인들을 가능한 한 많이 나열해보도록 한다.

(3) 활동 3 : 결과 추측하기 (제한 시간 5분)

그림에서 일어난 일의 결과로, 앞으로 일어날 가능성이 있어 보이는 것을 가능한 한 많이 나열해보도록 한다.

(4) 활동 4 : 작품 향상시키기 (제한 시간 10분)

장난감 원숭이와 그것을 그린 그림을 보여주고, 이것을 아이들이 보다 더 재미있게 가지고 놀 수 있는 것으로 바꾸거나 새로운 놀이 방법들을 나열해보도록 한다.

(5) 활동 5 : 종이 상자의 독특한 용도 (제한 시간 10분)

빈 종이 상자를 재미있게, 그리고 독특하게 쓸 수 있는 방법들을 가능한 한 많이 나열해보도록 한다.

(6) 활동 7 : 가상해보기 (제한 시간 5분)

'구름에 달려 있는 많은 줄들이 땅까지 늘어뜨려져 있다'고 가상한 뒤, 만약 이러한 불가능한 장면이 실제로 벌어진다면 어떤 일들이 일어날 것 같은지를 추측해서 나열해보도록 한다.

이 창의성 검사의 항목들을 보면 공통적으로 기존의 뻔한 결과에서 벗어날 것을 요구하고 있다. 특히 2~5번의 검사는 기존의 결과와 다른 결과를 도출할 것을 노골적으로 강조하는 문제로, 남다른 시각을 요구한다. 대부분의 질문이 기존의 패러다임을 깨고 그 외 무엇이 있는가를 물어보는 질문이므로, 이 문항들은 모두 관점 전환 능력을 필요로 하는 것이라고 해석할 수 있다.

이것저것 생각나는 대로
—— 수평적 사고

이쯤에서 창의적 사고를 언급할 때 반드시 나오는 단어를 꺼내들 때가 된 것 같다. 바로 '수평적 사고Lateral Thinking'다. 이미 확립

된 패턴에 따라 논리적으로 접근하는 것이 아니라, 통찰력이나 창의성을 발휘하여 기발한 해결책을 찾는 사고 방법이 바로 수평적 사고다.

수평적 사고와 대립되는 말이 수직적 사고인데, 이는 깊이와 관련이 있다. 어떤 사고에서 깊숙이 더 나아가는 것이 수직적 사고라면, 전혀 다른 현상을 생각하는 나열식 사고가 수평적 사고다. 이는 넓이와 관련이 있다.

체험게임기 Wii와 마리오라는 게임 캐릭터로 유명한 '닌텐도'는 원래는 화투를 만들어내는 조그만 기업이었다. 이 화투 제작 기업이 세계적인 게임 기업으로 성장할 수 있었던 이유는 '요코이 군페이'라는 직원이 있었기 때문이다.

전자공학과 출신인 그는 단지 고향인 교토를 떠나기 싫다는 이유로 화투 제작사인 닌텐도에 입사를 하였다. 입사 후 설비기계의 보수·점검을 맡게 되었는데, 업무 시간에 공장에 있던 부품을 사용하여 장난감을 만들어 가지고 놀다가 당시 닌텐도 사장이었던 야마우치 히로스에게 걸렸다. 해고당하리라 생각하고 사장실에 불려간 그는 사장으로부터 '그걸 상품화 해보라'는 말을 듣게 되었다. 그것이 공전의 히트를 기록한 '울트라 핸드'였다. 그것을 계기로 닌텐도가 완구 제작에 손을 대기 시작했다.

그러던 어느 날, 야마우치 사장의 운전기사가 아파 병가를 내는 바람에 사장의 차를 운전할 사람이 급히 필요하게 되었다. 당시 회사에는 왼쪽에 운전석이 달린 외제차(일본 차는 운전석이 오른쪽이다)를 몰 수 있는 사람이 없었기 때문에 그것을 할 수 있었던 요코이가 운전기사로 불려가게 되었다.

명색이 완구상품개발의 총책임자인 자기에게 1일 운전수 노릇을 하라는 말에 자존심이 상한 요코이는 그것을 거절할 핑계를 둘러댔다. "신칸센을 타고 가던 도중 한 샐러리맨이 전자계산기를 갖고 노는 모습을 봤습니다. 계산기 크기의 게임기를 만들어보는 건 어떨까요?"

그는 새로운 제품을 구상하느라 바쁘다는 말을 하고 싶었던 것 같다.

이 아이디어는 야마우치 사장을 매혹시키기에 충분했다. 야마우치 사장은 샤프전자의 대표이사와 만나 해당 안건을 논의했다. 샤프전자는 카시오에 눌린 사업을 만회하고자 이 아이디어를 현실화하는 데 적극 협조해, 액정화면 기술을 제공하였다. 그렇게 닌텐도의 TV용 게임개발 기술과 샤프전자의 계산기 액정화면 기술이 합쳐진 세계 최초 휴대용 게임기인 '게임&워치(1980)'가 탄생했다. 이것은 새로운 놀이문화의 탄생이기도 했다.

게임센터를 찾아가거나 TV 앞에 앉아서 즐겨야 했던 게임 문화를 주머니 속에 넣고 다니며 즐기는 문화로 재탄생시킨 '게임&워치'는 사회 현상으로까지 번졌으며, 일본에서만 1천 2백만 대가 넘는 판매 기록을 올렸다.

　　사실 이 '게임&워치'는 기술적으로 새로운 기기는 아니었다. 전자계산기 분야에서 이미 구시대 기술이 된 소형 흑백 액정을 사용했고, 게임을 하지 않을 때는 시계로 활용할 수 있도록 시계 기능을 붙인 것이 전부였다. 그런데 이런 기술들을 창의적으로 연결시켜 새로운 기기가 탄생했고 그것이 큰 가치를 만들어 낸 것이다.

　　기존 지식을 바탕으로 논리적 접근을 통해 결과를 찾아내는 것이 수직적 사고라면, 수평적 사고는 새로운 인식을 통해 창의적인 결과를 이끌어내는 것을 뜻한다. 요코이가 처음 만들었던 울트라 핸드를 금속으로도 만들고, 더 많이 늘어나게도 만들고, 불빛도 들어오게 하는 등 점점 더 기술적으로 발전시켜 나갔다면 그것은 수직적 사고의 작용이다. 하지만 전자계산기라는 타 분야에서 이미 개발된 기술을 놀이에 들여와 접목시키는 것은 수평적 사고다. 스티브 잡스가 아이팟을 조금 더 높은 음질의 음악 재생기구로 발전시켰다면 그것은 수직적 사고이고, 터치스크린이라는 아이팟의 특성과 휴대전화, 인터넷 기기를 한데 묶어 아이폰을 만들어낸 것은 수평적 사고다. 이런 수평적 사고는 새로운 가치 창출에 기여한다.

수평적 사고라는 말은 창의적 사고법의 세계적 권위자인 에드워드 드 노브가 1967년에 발표한 《수평적 사고의 활용》이라는 책에서 처음 언급되었다. 주어진 문제와 별다른 관련이 없는 혹은 아무런 관련이 없는 다양한 주제를 통해 아이디어를 떠올려보는 것을 말하는데, 한 가지 문제를 여러 각도에서 바라보고 문제를 찾아내 깊숙이 파고드는 비판적 사고와는 다른 접근이다.

흔히 알고 있는 창의적 사고의 기술 중 하나인 브레인스토밍도 생각나는 여러 가지 것들을 다 떠올려보고, 그것들을 합치거나 응용했을 때 생겨나는 아이디어를 캐치하는 작업이므로, 수평적 사고의 구체적인 적용 기술이라고 할 수 있다.

예전에 멘사 활동을 할 때, 회원들과 회의하기가 참 힘들었다. 다들 너무 산만해서, 발언자가 얘기하는 것을 듣고는 있는지 의심스러울 정도였다. 지금에 와서 그 이유를 정당화해보면, 머릿속에서 끊임없이 일어나는 수평적 사고 때문이 아니었나 싶다. 한 가지를 보더라도 그것으로부터 여러 가지가 연상되고, 혼자서 정리하고, 이어붙이고 하다 보니 머릿속에 늘 정리되지 않은 여러 가지 이야기가 둥둥 떠다니는 상태가 아니었을까.

산만한 사람은 좋게 말하면 수평적 사고를 할 준비가 잘 되어 있는 사람이기도 하다. 그러므로 그 사고들을 연관시키는 연습을 통해 창의적 사고를 이끌어낼 수도 있다.

어떻게 보면 수평적 사고는 상당히 쉬운 일이다. 서로 다른 두 개를 그냥 연결하면 되니까 말이다.

그러나 문제는 '서로 다른 두 개'가 아니라 '연결'에 있다. 다른 사람에게도 그 둘이 관계가 있다는 것을 설득하는 지점이 바로 '연결'이기 때문이다. 가령 분필을 보고 연상되는 것이 무엇이냐고 물었을 때, 칠판지우개라고 대답하면 왜 그런지에 대한 설명은 따로 필요 없지만, 창의적인 대답은 아니다. 그런데 만약 주전자가 생각난다고 하면 그것이 창의적인 아이디어인지, 아니면 그냥 '돌+I' 같은 생각인지를 판단해야 한다. 그리고 그 판단의 기준은 '왜?'라는 부분이다. 서로 다른 두 개를 왜 그렇게 연결시켰는지, 그것이 바로 창의적 사고의 핵심이 되는 것이다.

서로 다른 두 지점을 연결하는 방법에는 크게 세 가지가 있다. 바로 공통점 찾기, 관점의 적용, 인과 찾기다.

상관 없어 보여도 공통점은 있다 _ 공통점 찾기

공통점 찾기는 우리가 하는 창의적 사고에서의 연결 방법 중 가장 흔한 방법이다. 개그나 유머 같은 데서 흔히 사용하는 것이 바로 공통점 찾기인데, 가령 "요즘 정치판과 호텔 1층은 도긴 개긴"이라면서, "그 이유는 로비"라고 하는 식이다. "인터넷 악플러와

잇몸 약은 도긴 개긴"인 이유는 "씹고 뜯고 맛보고 즐기기 때문"
이라는 것도 역시 상관 없는 두 지점의 공통점 찾기다.

공통점을 찾아 연관 짓는 작업은 특히 요즘 같은 콜라보레
이션 시대에서는 더욱 더 필요한 능력이다. IT계의 신이자, 창의
성의 아이콘으로 부각된 스티브 잡스가 만들어낸 스마트폰은 알
고 보면 그전에 있던 PDA와 전자수첩, 휴대폰 같은 기기들을 연
관시킨 조합이었지, 듣도 보도 못한 기계가 아니었다.

스티브 잡스는 2007년 1월에 열린 맥월드(애플의 제품을 발표
하고 전시하는 이벤트)에서 애플이 세 가지 혁신적인 기계를 만
들었다고 소개했다. 그날의 프레젠테이션은 스티브 잡스가 'IT
의 신'이라기보다 '프레젠테이션의 신'에 가깝다고 감탄할 정도
로 대단한 것이었는데, 그중에서도 가장 인상적이었던 것은 "와
이드 스크린을 가진 터치형 아이팟, 혁신적인 휴드폰, 휴대용
인터넷 장치, 이렇게 세 가지의 기계를 개발했다"며 화면에 아
이콘을 띄워 놓은 다음에 그것들을 빠르게 회전시키다가 이렇
게 외치는 장면이었다.

"여러분, 이 세 가지 장치는 각각 다른 3개의 기계가 아니
라 사실은 하나입니다. 바로 아이폰입니다."

이것은 아이폰이 가진 핵심적인 기능을 설명하는 매우 극적이고

도 인상 깊은 소개였다. 이미 개발되어 있는 세 개의 서로 다른 기계를 하나로 합쳐 스마트폰이라는 새로운 세상을 만들어냈음을 알리는 장면인데, 수평적 사고를 가시적으로 보여주는 장면이기도 하다.

사실 이 세 가지 기계는 전혀 다른 것이 아니다. 모두 휴대용이고, 디스플레이가 필요하다는 공통점을 가지고 있다. 그것들을 공유하는 장치로 모아놓은 것이 스마트폰인 것이다.

수평적 사고로 결합시킨 것들이라 할지라도 공통점은 있기 마련이다. 공통점을 공유하여 무언가를 새롭게 창출하는 것이 수평적 사고를 드러내는 하나의 방법이 되는 이유다.

하나의 주체와 하나의 보조 _ 관점의 적용

서로 다른 두 개체 사이에서 공통점을 찾기 힘들 때도 있다. 그럴 때는 한쪽에서 다른 쪽을 바라보는 관점의 적용 차원으로 수평적 사고를 할 수 있다. 이런 사고의 대표적인 예로 통섭적 사고를 꼽을 수 있다.

통섭이란 원래 '서로 다른 것을 묶어 하나의 새로운 것을 만든다'는 뜻으로, 생물학자인 에드워드 윌슨이 자신의 저서에 쓴 'Consilience'라는 말을 번역자인 최재천 교수가 '통섭'이라고 옮김으로써 굳어진 것이다.

통섭적 사고가 유행하면서, 우리 사회에는 인문학 열풍이 불었다. 인문학과 과학기술이라는 서로 다른 분야를 접촉해 인류에게 유익한 '새로운 무언가'를 탄생시킬 수 있다는 믿음을 바탕으로, 과학기술 우위의 이 사회에 인문학적인 사고의 베이스를 더하자는 움직임이 일어난 것이다. 그리고 이 인문학은 다시 경영으로 옮겨가서 마케팅 전략을 세우는 가장 중요한 도구의 하나로 사용되고 있다. 소비자는 사람이고 사람에 대해서 연구하는 것이 인문학이기 때문에 결국 소비자에 대한 본질적인 분석이 가능하다.

사실 통섭의 원래 뜻대로라면 두 가지의 서로 다른 것들이 대칭적으로 합해져야 하는데, 실제로는 실용 학문이 주체가 되고 개념이나 원리들을 기초 학문에서 가져와 이론적 토대를 세우는 방식으로 통섭이 전개되고 있다.

이러한 구조에서 '관점의 적용'이라는 사고 과정의 틀이 나온다. 현실이나 사건 그러니까 'Fact'에 관계된 것을 해결해야 할 주요 문제로 설정하고, 다른 것의 개념이나 원리를 일종의 기준이나 방향으로 가져오는 방식에 따라 두 가지의 생각을 이어붙인다는 말이다.

한국에서 '통섭' 하면 생각나는 두 학자인 생물학자 최재천과 인문학자 도정일이 〈대담〉이라는 인문학 콘서트를 개최했다. 이때 사회자가 "자연과학과 인문학의 성공적인 융합 사례가 있다면?"이라는 질문을 했다. 그때 최재천 교수는 "엔지니어들이 경쟁력 있는 소프트웨어를 못 만들자, 삼성전자의 부탁으로 SCSA^{삼성 컨버전스 소프트웨어 아카데미}를 만들었다. 인문학 소양을 갖춘 소프트웨어 엔지니어를 양성하기 위해 인문학 전공자 500명에게 컴퓨터를 가르쳤는데 그중 대여섯은 당장 제품화할 만한 아이디어를 내더라"라고 대답했다.

결국 핵심은 엔지니어 양성이다. 그리고 목적은 제품 개발이다. 여기에 인문학적 마인드를 심는다는 의미다.

또 하나의 사례로 든 것이 "MIT에서 인지로봇을 만드는 미디어랩에는 심리학자, 철학자, 진화학자가 앉아 있었어요. 심지어는 '로봇은 인간의 언어를 이해할 수 없다'고 말했던 노암 촘스키까지요"였다. 이때 핵심은 로봇 개발이고, 여기에 백그라운드로 인문학이 들어간 것이다.

인문학은 과학 기술의 보조물이라는 것을 말하려는 것이 아니다. 두 가지를 '통섭'한다고 하지만 실제로는 하나의 주체가 있고, 그것을 보조하는 방식으로 두 가지의 융합이 이루어진다는 것이다. 반대로 인문학을 공부하는 데 과학적 방법이 적용될 수도 있을 것이다.

인과를 부여하는 것도 좋은 연관화 작업이다. 이 경우는 인과를 부여한다기보다 인과를 찾거나 이미 있는 인과를 드러낸다는 것이 더 맞는 말이겠다.

〈뇌섹시대-문제적 남자〉의 과제 중에 상대방에게 팔 만한 물건을 찾아서 프레젠테이션을 하고 그 물건을 팔라는 과제가 있었다. 랩몬스터라는 출연자가 대학원생인 타일러에게 감성 보충을 도와줄 만한 책을 파는데, 책과 친하다고 알려진 타일러는 의외로 책을 사지 않겠다는 결정을 한다. 그 이유는 이미 너무 많은 책을 읽고 있으며 또 읽어야 하기 때문에, 필요한 책 외에 다른 책을 읽을 시간이 없다는 것이다. 이 경우 눈에 보이는 인과는 '책을 많이 읽는 환경이니까, 책을 좋아하겠지'였지만, 실제로는 '책을 많이 읽어야 하기 때문에, 다른 책을 읽을 시간이 없다'였다. 그래서 숨어 있는 원인을 찾는 것은 연관화 작업의 한 종류기도 하고, 마케팅의 기본 정석이기도 하다. 소비자의 니즈를 분석할 때, 소비자의 니즈를 소비자 자신도 모르기 때문에, 이러한 인과 분석을 통해 이끌어내야 하는 것이다.

인과는 있는 것을 찾아내는 발견의 성격이 강하다. 그러다 보니 자신만의 독창적인 시각으로 인과를 만들어낼 수는 없다. 원래 존재하는 것이기 때문이다. 따라서 인과를 설정하는 연관화 작업은 새로운 인과를 창조해내는 것이 아니라 숨어 있는 인과를 찾아내는 것이다.

　　누구나 다 아는 눈에 보이는 인과 말고 그 안에 숨어 있는 또 다른 인과를 찾아내려면, 조금 더 생각의 수준을 높여야 한다. 하지만 아무리 숨어 있다 하더라도 이미 벌어진 결과에 대해 원인을 발견하고 분석하는 일이라면, 결국에는 연습과 시도를 통해 익힐 수 있다.

일머리가 좋은 사람, 센스가 있는 사람, 사교성이 좋은 사람은 진정 타고나야
만 하는 것일까? 한 단계 더 나아가, 천재적인 기획력, 날카로운 분석력, 창의
적인 통찰력 등은 모두 신의 선물로만 구성되는 것일까?
뇌섹남, 스마트한 뇌는 얼마든지 훈련으로 만들 수 있다. 인류를 뛰어넘는 '천
재'를 만드는 건 힘들겠지만, 인류를 끌고 가는 엘리트 개념의 '인재'를
만드는 것은 가능한 일이다.

제2부

섹시한
뇌를 만드는 방법

'똑똑함'은 타고난다?

'뇌가 섹시하다'는 것은 방송이 만들어낸 최근의 유행어지만, 실제로 스마트한 사고능력을 가진 사람이 각광받는 것은 어제오늘의 일이 아니다. 예전부터도 '똑똑한 사람'은 연애 상대로 나쁘지 않은 대접을 받았고, 최근에는 경제 조건보다도 두뇌 조건이 연애 상대 선택의 더 중요한 기준이 되는 지경에 이르렀다.

그렇다면 이쯤에서 한 가지 생각해볼 문제가 생긴다. 학교에서 필요한 능력은 학습을 통해서 배우고, 익히고, 훈련할 수 있는데 사회에서 필요한 뇌섹남의 능력은 어디서 어떤 식으로 배울 수 있을까? 아니 그전에 학습이 가능하기는 한 것일까?

일머리가 좋은 사람, 센스가 있는 사람, 사교성이 좋은 사람은 진정 타고나야만 하는 것일까? 한 단계 더 나아가, 천재적인 기획력, 날카로운 분석력, 창의적인 통찰력 등은 모두 신의 선물로만 구성되는 것일까? 이른바 '똑똑하다', '머리가 좋다', '뇌가 섹시하다'라는 소리를 들으려면 애초에 타고나야 하는 거라고 가정하는 것은 사실 좀 서글프다. 아무리 노력해도, 유전자에 입력된 정보를 뛰어넘을 수 없다는 얘기니까 말이다.

하지만 실망할 필요는 전혀 없다. 뇌섹남, 스마트한 뇌는 얼마든지 훈련으로 만들 수 있기 때문이다. 인류를 뛰어넘는 '천재'를 만드는 건 힘들겠지만, 인류를 끌고 가는 엘리트 개념의 '인재'를 만드는 것은 가능한 일이다.

리차드 니스벳은 저서《인텔리전스》를 통해 하버드대학 교수인 리차드 헌스타인의 실험을 소개하면서 '지능은 타고나는 것이 아님'을 주장하고 있다. 니스벳은 지능이 학습을 통해 향상되는 것임을 이야기하는데, 사실 이는 상당히 모순적인 상황이다. 헌스타인은《벨 곡선》이라는 책에서 '인간의 지적 능력은 대부분 타고나는 것이다'라는 주장을 한 당사자이기 때문이다.

헌스타인은 베네수엘라에서 특정 과목에 국한되지 않은 일반적 문제해결의 기초 개념을 7학년(중1) 학생들에게 가르치는 수업 자료를 고안했다. 45분짜리 수업을 통해 연구자들은 유비추론 분석, 단순 명제의 구조 파악, 논리학의 원리 이해, 복잡한 논증의 구성과 평가, 자료의 신뢰성과 적절성 평가 등을 가르쳤다. 이러한 능력은 교사들이 직접 가르치는 것이라기보다 주로 어떤 학문을 배우는 과정에서 저절로 익혀지는 부수적인 결과다. '이러한 능력을 어린아이들에게도 직접 가르치고, 이를 수업에서 다루어 다른 새 문제에도 적용할 수 있을까?' 이것이 헌스타인과 동료들이 궁금해 하던 문제였다.

결과는 한마디로 '그렇다'였다. 교육을 통해 아이들의 문제해결 능력은 크게 달라졌다. 언어 이해, 문제 공간, 의사 결정, 창의적 사고 등에서 지수가 비약적으로 높아졌으며, 이는 아이들에게 일반적 문제해결 능력을 직접 가르치는 것이 가능했다는 의미다. 또한 IQ 검사 결과 놀랄 만한 향상이 있었다. 결국 '지능은 타고난다'고 주장했던 헌스타인은 '지능은 훈련을 통해 향상될 수 있다'고 결론 내려야 했다.

그렇다면 제1부에서 섹시한 뇌의 조건으로 꼽은 분석력, 추리력, 통찰력 또한 당연히 학습과 훈련으로 향상될 수 있다는 얘기다. 게다가 그 학습과 훈련이라는 것이 특수한 것도 아니고, 이 책에서 계속 말하고 있는 분석, 추론, 논증, 문제 해결, 통찰 등의 연습이므로, 누구나 할 수 있는 것들이다.

일본 같은 경우는 가업을 이어받는 전통이 활발하다. 한때 일본과 우리나라를 휩쓸었던 농구만화《슬램덩크》의 전국구 센터인 변덕규도 고등학교 때까지는 전국구 센터로 이름을 떨치다가, 졸업한 후에는 아버지의 가업을 이어받기 위해 요리사가 된다.

그런데 이렇게 가업을 이어받는 것과 관련하여, 빵집 아들은 빵에 대한 천재적인 감각을 타고나는 것으로 그리고 카센터 아들은 차 수리에 있어 어릴 때부터 특화된 사람으로 묘사되는 경우가 많다. 마치 DNA에 가업에 대한 정보가 세팅되어 있다는 듯이 말이다.

와인 붐을 일으키는 데 한몫 단단히 했던 만화《신의 물방울》에서는 와인 천재 칸자키 유타카의 아들인 주인공 칸자키 시즈쿠가 천재적인 테이스팅 능력을 가진 것으로 나온다. 지식은 없지만 감각과 천재성으로 '와인 찾기 대결'을 이끌어간다는 것인데, 시즈쿠의 천재성도 사실은 천재성을 타고났다기보다 아버지가 어릴 때부터 훈련을 시켰기에 가능했다.

시즈쿠의 아버지는 그에게 흙을 맛보게 하고 여러 가지 냄새도 맡게 하면서 감각에 대한 훈련을 쌓게 했다. 또 세계 여러 나라를 여행하며 견문을 넓히는 가운데 풍부한 표현력을 키워주었다. 이렇게 해서 만들어진 시즈쿠의 특별한 능력을 과연 '천재성'이라고 할 수 있을까? 어떻게 보면 시즈쿠의 천재성은 아버지가 전수해준 훈련과 경험의 집합체라고 할 수 있다.

이처럼 빵에 특화된 유전자를 타고났다기보다 빵집 아들로 태어났기 때문에 어릴 때부터 빵을 맛보고, 냄새 맡고, 간접 경험을 하면서 빵에 대해서 누구보다도 잘 알게 되었다고 보는 편이 맞을 것이다. 시간으로 따지면 한 과목을 나머지 과목보다 더 많은 시간 동안 배우는 것이니까 말이다.

인류사에 남을 정도로 타고난 천재도 있지만 이 시대에 우리가 원하는 것은 실용적인 인재라고 할 때, 그것은 얼마든지 훈련으로 가능하다.

생각하는 과정을 훈련하자

인재를 만드는 데는 어떤 훈련이 필요할까? 사실 우리의 관심사는 이것이다. '뇌를 섹시하게 만드는 훈련'이라는 것은 과연 어떤 모습일까? 만약 이게 가능하다면 건강한 육체를 위해서 헬스장을 짓듯이, 명석한 두뇌 회전을 위해 '브레인 짐'을 만드는 것이 가능할 수도 있지 않을까?

우리 사회의 엘리트들을 가르치면서 필자가 느낀 것은, 교육을 통해서 인재를 만드는 것이 가능하다는 것이었다. 앞서 예를 들었던 헌스타인의 지능 향상 교육도 뭔가 특이한 것을 가르친 것이 아니었다. 교과를 가르치면서 간접적으로, 부수적으로

123

획득해야 하는 능력들을 직접 가르쳤을 뿐이다. 매우 단순하고 쉬워 보이지만, 이런 간접적인 획득은 적어도 한국 사회에서는 불가능하다.

예전에는 몇몇 명문대의 입시에만 논술이 필요했다. 그래서 학생들은 수능의 결과가 좋을 경우에만 한 달 정도 논술학원에 다닌 후에 논술 시험을 봤다.

필자는 대학원에 다닐 때 입시철에 학원에서 논술 강의 아르바이트를 했는데, 그때 학생들을 가르치며 '왜들 이렇게 못 할까?' 하는 생각을 했다. 분명 스카이 대학을 가려고 하는 우수한 학생들인데, 말도 잘 못하고 글도 잘 못 썼다. 더욱 문제인 것은, 그게 단순히 표현을 잘 못하는 것이 아니라 생각 자체가 논리적이거나 설득적이지 않고 깊이도 없는 학생이 많았다는 것이었다.

그래서 미국 버클리 대학 출신의 유학생에게 물어보았다. 미국 학생들은 토론도 잘하고 에세이 같은 것도 잘 쓰는데, 특별히 교육을 받느냐고 말이다. 그러자 그 친구는 한참 생각하더니, 아무리 생각해도 그런 교육을 받은 적이 없다고 답했다. 대신 모든 교과의 수업을 토론식으로 진행한다는 것이다. 메인 주제를 하나 던져놓고 거기에 대해서 토론하는 식으로 수업을 진행하고, 교사는 토론을 이끄는 역할을 한다. 토론이나 논술 과목이 따로 있는 것은 아니지만 수업 진행을 위한 도구이니 당연히 몸에 익을 수밖에 없다.

우리나라 교육 현장에서는 학교든 학원이든 교과에서 제시하는 내용을 암기시키기에 바쁘다. 이해가 아니라 단순 암기다. 이러한 도구를 이해하지 못한 채 가르치는 경우가 많다. 물론 이것을 교사의 탓만으로 돌릴 수는 없다. 여기에는 '진학'이라는 목표가 너무 현실적이어서, 과정 중심의 더딘 교육을 참아내지 못하는 학부모의 빗발치는 재촉이 가장 큰 걸림돌로 작용하고 있다. 어찌되었든 점수만 잘 나오면 된다는 학부모의 소망을 만족시켜야 하는 것이다.

그러나 학부모의 진짜 소망은 '자녀의 점수'가 아니라 '자녀의 성공'이다. 그런 면에서 학부모들은 독이 든 사과를 먹은 것이나 마찬가지다. 당장 배고파서 사과를 먹긴 했지만, 이 사과는 결국 치명적으로 해를 끼치기 때문이다.

현재 우리나라의 대기업이나 공기업의 입사시험, 행정고시, 로스쿨 시험, 전문대학원시험 등 많은 시험들이 문제해결력의 기초 능력을 체크하는 AT 테스트로 바뀌었다. 공부의 결과라고 할 수 있는 '점수'보다는, 공부를 하는 과정에서 익힌 사고와 추론의 도구들이 더 인정받고 있는 것이다.

지금 근의 공식을 외우고 있는 사람이 인재가 아니라, 지금은 근의 공식을 다 잊었지만 그것을 처음 익힐 때 무리 없이 이해하고 습득했던 사람이 인재로 인정받는 시대다. 새로운 지식에 대한 이해의 능력은 근의 공식뿐만 아니라 중국 소비자의 마음, 신소재의 제조 기술, 새로운 경영기법 등 다른 곳에도 얼마든지 적용 가능하기 때문이다.

사실 명문대든 지방대든, 암기식의 공부에 익숙한 대학생들에게 이런 사회 변화는 가혹하다. 암기식 공부에 익숙한 탓에 과정을 공부한다는 개념이 갖추어져 있지 않기 때문이다. 하지만 암기는 투자하는 시간에 비례하는 결과를 보이는 반면, 사고의 과정을 익히는 훈련은 프로세스만 잡히면 시간보다는 이해도에 비례하는 결과를 낳기 때문에 훨씬 더 효율적일 수 있다.

핵심은 통찰력과 문제해결력

앞서 제1부에서 '스마트'의 요소로 꼽힐 만한 몇 가지 능력들을 살펴보았는데, 그것들은 통찰력과 문제해결력이라는 큰 카테고리 안에 넣을 수 있다.

스마트한 사고의 첫 단계는 주어진 정보를 수집하고, 이해하고, 분석하고, 분류하면서 자신만의 지식 체계를 잡는 것이다. 수집된 정보를 바탕으로 추리하여 새로운 정보를 도출하는 것이 두 번째 단계고, 이런 여러 가지 정보(Old 정보와 New 정보)를 바탕으로 대안이나 해결책을 제시하는 것이 마지막 단계다.

1단계	2단계	3단계
정보 이해와 분석 ➡	추리 ➡	대안 설정
통찰력	문제해결력	

통찰력은 정보 수집을 통해 얻은 그 정보를 의미 있는 정보로 해석하는 작용까지를 말하고, 문제해결력은 그 정보들을 바탕으로 현실적인 상황에 적용하여 의미 있는 대안을 도출하는 작용을 말한다. 통찰력과 문제해결력을 구성하는 구체적인 요소는 다음과 같다.

	구체적 풀이	구성 요소
통찰력	정보를 수집하고, 이해하고 분석하고 정리해서, 숨겨진 정보까지 찾아내는 능력	정보이해력, 분석력, 추리력

문제해결력	설정된 문제를 해결할 만한 적절한 대안을 논리적이거나 창의적으로 만들어 내는 능력	논리력, 적용력(추리력), 창의력

앞으로 우리는 통찰력과 문제해결력의 구성 요소인 분석력, 추리력, 논리력, 창의력 같은 것들을 훈련할 것이다. 이들 개별 능력을 익히고, 이것들을 통합해서 적용하는 훈련을 하면 그것들이 곧 스마트한 사고가 된다. 또한 이런 사고의 과정이 인재의 사고이기 때문에, 외부적으로도 성공적인 결과물을 도출할 수 있다.

머릿속에
칼을 품어라

: 분석력

제 1 장

태권 V와
마징가 Z가가 싸우면
누가 이길까?

CHAPTER 1

상자 A, B, C에 금화 13개를 나누어 넣었다. 금화는 상자 A에 가장 적게 있고 상자 C에 가장 많이 있다. 각 상자에는 금화가 하나 이상 있으며, 개수는 서로 다르다. 이 사실을 알고 있는 갑, 을, 병이 아래와 같은 순서로 각 상자를 열어본 후 말했다. 이들의 말이 모두 참일 때 상자 A와 C에 있는 금화의 총 개수는?

갑이 상자 A를 열어본 후 말했다.
"B와 C에 금화가 각각 몇 개 있는지 알 수 없어."

을은 갑의 말을 듣고 상자 C를 열어본 후 말했다.
"A와 B에 금화가 각각 몇 개 있는지 알 수 없어."

병은 갑과 을의 말을 듣고 상자 B를 열어본 후 말했다.
"A와 C에 금화가 각각 몇 개 있는지 알 수 없어."

이 문제는 로스쿨 입시에 출제되었던 것인데, 정보의 분석과 분류가 요구된다. 분석한다는 것은 주어진 정보를 세부적으로 나눠 본다는 말이다. 주어진 정보를 바탕으로 성립하는 것을 나열한 뒤, 다른 정보와 모순이 되는 것을 지워나가는 방식으로 풀어야 한다.

우선 금화의 개수가 A 〈 B 〈 C 라는 조건에 맞춰 각 상자에 금화가 몇 개씩 들어 있을지 경우의 수를 살펴보자.

A	B	C	
1	2	10	을
1	3	9	을
1	4	8	
1	5	7	병
2	3	8	병
2	4	7	
2	3	6	을
2	4	5	을
3	4	6	갑

갑이 A를 열어본 후 B와 C의 금화 개수를 알 수 없다고 말했다는 것은 A에 금화가 3개 들어 있는 것은 아니라는 뜻이다. 왜냐하면 위의 표에서 보듯이 A에 3개가 들어 있을 경우는 하나밖에 없기 때문에, A에 3개라면 B에는 4개, C에는 6개라는 것을 바로 알 수 있다. 그래서 A가 3인 경우를 제외하게 된다.

마찬가지로, 을이 C를 열어보고 A와 B의 금화 개수를 알 수 없다고 말했다는 것은 C에 들어 있는 금화의 개수가 5, 6, 9, 10이 아니라는 뜻이다. 그것은 각각 한 가지 경우들밖에 없기 때문이다.

병이 B를 열어보고 A와 C의 금화 개수를 알 수 없다고 말했다는 것은 B가 3이나 5가 아니라는 뜻이다. 이 경우도 각각 하나씩밖에 없기 때문이다.

이렇게 차례대로 경우의 수를 정당화해보면, A=1, B=4, C=8인 경우와 A=2, B=4, C=7인 경우만 남게 된다. 두 경우 모두 A와 C를 합하면 9가 되므로, 상자 A와 C에 있는 금화의 총 개수는 9개다.

로스쿨을 목표로 하지 않는 사람일지라도 정보를 분석하고 분류하는 능력만 있으면 풀 수 있는 문제. 만약 어떻게 풀어야 할지 감도 못 잡겠다면, 분석력 훈련을 할 필요가 있다.

╎새로운 가능성에 열려 있으려면   ╎

이미 앞에서, 똑똑한 사람들은 분석적 사고를 한다는 것을 언급했다. 그렇다면 왜 분석력이 필요할까?

예전에 탈옥을 주제로 하여 인기를 끌었던 미국 드라마 〈프리즌 브레이크〉의 주인공 마이클 스코필드는 어떤 사물을 볼 때, 그것의 세세한 구조나 골격까지 꿰뚫어볼 수 있는 캐릭터였다. 이 드라마에서 이것은 어떤 정신병의 일종이라고 설명하고 있다. 잠재능력 억제 부족 증상low latent Inhibition이라고, 경험에 비춰 봤을 때 필요하지 않다고 생각되는 자극에 대해 무의식적으로

134

무시하는 일종의 동물적인 능력이 부족한 병이라고 한다. 보통 사람들은 사물이나 사건을 전체적으로 받아들이고 세세한 정보는 무시하곤 하는데, 이 드라마에서 스코필드의 천재적인 능력은 바로 이러한 병 때문에 나온다.

토론토 대학의 조단 피터슨 교수는 "창조적인 사람은 외부 환경으로부터 계속해서 들어오는 부가적인 정보도 거르지 않고 받아들인다. 일반 사람들은 어떤 물체가 보는 것과는 다르게 훨씬 더 많은 흥미로운 정보와 복잡한 형태를 가지고 있지만 그것을 외형적으로 구별하고 곧 잊어버린다. 그러나 창조적인 사람은 항상 새로운 가능성에 대해 열려 있다"라며, 스코필드가 가진 특성을 창조적인 사람과 연관시킨다.

또한 하버드 대학의 셸리 칼슨 교수는 "과학자들은 왜 광기가 창조성과 관련이 있는지에 대해 오랫동안 궁금증을 가져왔다. 잠재능력 억제 부족 현상과 특별한 사고의 유연성을 가진 사람은 같은 상황에서 정신질환에 더 걸리기 쉽고 다른 사람들보다 창조적인 사고를 더 많이 하게 한다"라고도 했다.

결국 사물이나 사건의 본질적인 부분을 분석하고 꿰뚫어보는 것은 새로운 가능성에 대해서 열려 있다는 것을 의미하며, 창조성이나 천재성과도 관련이 있다는 분석이다. 병으로 인해 그렇게 되는 것이 아니라면, 보통 사람의 입장에서는 훈련을 통해 분석적인 눈을 기르는 것이 인재가 되는 길이라 할 수 있을 것이다.

　　주어진 정보를 분석하는 가장 좋은 방법은 정보의 핵심과 핵심이 아닌 부분을 구분하고, 그것들의 기능을 정확하게 파악하는 일이다. 사실 주어진 정보의 핵심을 찾으라는 것은 이미 언급한 바 있다. 분석에서 중요한 것은 핵심을 제외한 나머지, 즉 논증과 논거 그리고 전제의 기능이다.

태권 V가 이길까, 마징가 Z가 이길까? _ 논증

　　몇 십 년을 끌어온 해묵은 논쟁이 하나 있다. '마징가 Z와 태권 V가 싸우면 누가 이길까?' 하는 것이다. 그런데 의외로 이에 대한 결론은 사자와 고양이가 싸우면 누가 이길까 만큼 쉽다. 상업자원부에 등록된 로봇등록원부에 의하면 태권 V의 키는 56미터다. 그런데 마징가 Z의 설정집에는 마징가 Z의 키를 18미터로 규정한다. 덩치 면에서 3배 이상 차이가 나는 셈이다. 만 11개월 남자아이의 표준 키가 74센티미터 정도 되고 K-1선수인 최홍만의 키가 218센티미터라니까 이쯤 차이가 나는 셈이다. 크기 면에서는 태권 V의 압도적인 승리다.

　　물론 작은 고추가 더 매울 수도 있기에 키가 작더라도 마징가 Z의 힘이 더 강할지도 모른다. 그러나 마징가 Z의 출력은

65만 마력, 태권 V의 출력은 1,200만 마력이다. 특히 태권 V는 육탄전에 강하다. 마징가 Z가 순전히 조종간에 의한 단순한 조종인 반면, 태권 V는 3번 단추를 누르면 훈이와 태권 V가 일체가 되어 훈이의 동작대로 태권 V가 반응하게 된다. 조종의 섬세함 면에서 상대가 될 수 없다.

무기가 많은 마징가 Z가 원거리 전투 시 유리할 수도 있다. 그러나 이 경우 마징가 Z가 속도 면에서 압도적이어야 하는데, 속도는 둘 다 비슷하다. 그러므로 인파이터형의 복서인 태권 V가 가까이 붙게 되면 마징가 Z는 무기를 쓸 틈도 없다.

태권 V와 마징가 Z의 싸움 결과는 주어진 여러 가지 자료를 가지고 논리적이고 합리적인 과정을 거쳐 다다른 결론이다. '태권 V가 이긴다'는 것이 이 글의 '주장'이라 하겠다. 주장은 가치 판단, 의견, 주관, 감정 등을 포함한다. 그리고 이러한 주장을 그럴듯하게 만드는 것이 몇 가지 '이유'들인데 이러한 이유들을 '논거'라고 한다. 주장이 담긴 글에는 반드시 논거가 있으며, 논거가 그럴듯해야만 다른 사람에게 주장을 인정받을 수 있다.

사실, 일상생활에서 쓰는 많은 말들도 주장과 이유로 구성되어 있다. 그런데 이유가 생략되어 있는 경우가 많기 때문에 우리가 주장과 이유의 필연적인 결합에 대해 인지하지 못할 뿐이다. 예를 들어 "밥 먹으러 가자"라고 누군가에게 말할 때는 '배가

고프니까' 혹은 '저녁 시간이니까'와 같은 이유가 생략되어 있다.

이렇게 남을 설득하기 위해서는 다른 사람이 납득할 만한 이유와 그에 따른 주장을 제시하는데, 이 두 부분 그러니까 논거와 주장을 합해 우리는 '논증'이라 부른다. 다시 말해 논증이란 주장과 그것을 지지할 만한 진술로 이루어진 하나의 집합을 말한다. 즉, 주장＋이유(논거)라는 말이다.

논거는 논증의 힘이다. 주장을 백 마디 하는 것보다 논거를 100%로 정확하게 만드는 것이 더 중요하다. 설득력 있는 논증은 논거가 주장을 얼마나 정확하고 강력하게 뒷받침하느냐에 달려 있다. 따라서 무언가를 주장할 때, 그 이유에 대해 먼저 생각하고 이 부분을 주장과 일치하도록 정교하게 다듬는 것이 필요하다.

Exdmple

아래 제시하고 있는 문장들은 모두 이유와 주장으로 되어 있다. 이유와 주장을 니눠보자.

ㄱ. 고기를 먹을 때는 쌈을 싸먹기보다 고기만 먹는 것이 좋다. 그래야 고기 본연의 맛을 만끽할 수 있기 때문이다.

이유 : _____

주장 : _____

ㄴ. 방학 때라 할 일도 없는데, 스키 타러 가자.

이유 : _____

주장 : _____

ㄷ. 이 세상은 냉혹하고 이 우주를 지배하는 법칙들은 엄격하다.
자연히 동화들이 실현되는 일은 아주 드물다.

이유 : _____

주장 : _____

- -

<정답 및 해설>

ㄱ. 이유 – 고기 본연의 맛을 만끽할 수 있기 때문에 / 주장 – 고기를 먹을 때
는 고기만 먹는 것이 좋다.

ㄴ. 이유 – 할 일이 없기 때문에 / 주장 – 스키 타러 가자.

ㄷ. 이유 – 세상은 아주 냉혹하기 때문에 / 주장 – 동화가 실현되는 일은 드
물다.

신데렐라는 울고 싶었다. 엄마 몰래 나가 밤새 클럽에서 놀다가 들어왔는데, 아침에 화장실에서 나오던 엄마와 정면으로 마주쳤던 것이다. 엄마는 화가 나서 신데렐라에게 외출금지령을 내렸다. 외출을 못하게 된 신데렐라는 인터넷을 하려고 컴퓨터 앞에 앉았다가 게임에 빠져버렸다. 밥 먹으러 갈 시간도 아까워 컵라면으로 때워 가며 게임을 즐기던 신데렐라.

신데렐라가 가상의 세계에 빠져 있는 동안, 왕궁에서는 클래식 음악회에 갔다가 만난 여자를 못 잊어 상사병이 난 왕자 때문에 난리가 났다. 이 사건은 단번에 대서특필이 되었다. 이 기사를 본 신데렐라는 지난 밤 클럽에서 같이 부비부비 춤을 추었던 바로 그 남자가 왕자임을 알게 되었다. 그리고 왕자가 '그 여자의 물건'이라며 제시한, 유리로 만든 MP3가 자신의 것임을 한눈에 알아보았다.

신데렐라는 자신이 왕자의 그녀임을 증명하려고 왕궁으로 갔다가 같은 주장을 하는 수많은 여자들 틈에 끼게 되었다. 너무 많은 여자들이 몰리는 바람에 왕궁은 이들에게 '자신이 왕자가 찾는 바로 그 여자'라는 주제로 논설문을 쓰게 하고 그 시험을 통과한 사람에게만 왕자를 만날 자격을 주겠다고 했다.

신데렐라는 클럽에 갔던 일과 자신의 MP3임을 주장하는 글을 진솔하게 써서 시험에 통과했고, 다행히 최종 면접까지 갔다. 하지만 최종 면접까지 온 여자들도 한둘이 아니었다. 그들은 모두 자신이 '바로 그 여자'라고 주장하고 있었다. 그때 신데렐라는 'MP3에 묻은 지문을 검사해보라'고 제안했고, 검사 결과 신데렐라의 지문이 나와 결국 왕자와 만나게 되었다.

조금 긴 이야기지만, 하고자 하는 말은 간단하다. '주장'만으로는 힘이 없다는 것이다. 논거를 제시하여 주어진 주장에 힘을 부여해야 한다. 그런데 왕궁의 수많은 여자들이 이러저러한 이유를 대며 서로 자기가 맞다고 우기고 있으니, 단순히 논거만 있다고 주장이 설득력을 가지는 것도 아니다. 논거는 주장을 필연적으로 혹은 개연적으로라도 뒷받침해야 한다. 지문에 의한 신분 확인은 설득력 있는 논거이고, 이는 신데렐라의 주장이 인정받는 충분한 계기가 되었다.

만약 신데렐라가 '나는 왕자가 어떻게 생겼는지 알고 있다'를 논거로 들었으면 최종 면접을 통과하지 못했을 것이다. 그것은 국민이라면 대부분 알고 있는 사실이기 때문이다. 논거는 주장을 설득력 있게 만드는 중요한 요소지만 단지 존재한다는 것만으로는 의미가 없다. 필연적으로 주장과 연관을 가지고 뒷받침해야 하는 것이다.

다음의 진술을 보자.

배가 매우 부르니, 어서 점심 먹으러 가자.

이 진술은 분명히 어딘가 이상하다. 왜냐하면 '배가 부르면 먹지 않는다'는 것을 우리는 경험적으로 알고 있기 때문이다. '배가 부르다'라는 논거는 '점심을 먹지 말자'거나 '점심을 나중에 먹자'는 주장의 논거는 될 수 있어도 '어서 점심 먹으러 가자'는 주장의 올바른 논거가 될 수는 없다. 이 경우 논거와 주장의 연결이 적절하지 못하다.

논거와 주장이 적절히 연결되어 있어 논거가 주장을 정확히 뒷받침하고 있을 때 우리는 보통 '논리적'이라고 표현한다. 그리고 논거가 아예 없거나, 잘못된 논거가 연결된 주장에 대해 '비논리적'이라고 말할 수 있다. 따라서 주장과 논거의 정확하고 올바른 연결이야말로 논리적인 주장을 펼치는 데 있어 가장 먼저 익혀야 할 기본적인 자질이 된다.

어떤 주장이 제시되면 우리는 그것을 받아들이거나 받아들이지 않는 식의 선택을 할 수 있다. 하지만 그 전에 먼저 이 주장에 대한 이유가 무엇인지 파악한 다음, 이유가 주장을 정확히 뒷받침하는지 확인하는 과정을 거친다. 이유가 주장을 정확히 뒷받침한다면 이 주장을 '참'으로 받아들일 기본적인 조건이 성립되는 것이다.

참과 거짓은 위의 진술처럼 상식적으로 정할 수 있는 부분도 있지만, 실생활에서는 그렇게 간단한 것만은 아니다. 다음의 진술은 어떨까?

배가 매우 고프니, 어서 점심 먹으러 가자.

이 진술은 논리적인가? 앞선 진술이 논리적이지 않다면, 이 진술은 논리적이라고 말할 수 있을 것이다. 하지만 이 진술이 이루어진 시간이 오후 6시쯤이라고 생각해보자. 그럴 경우, 배가 고프니 무언가를 먹자는 내용에는 이상이 없지만 오후 6시에 먹는 음식을 '점심'으로 지칭한 것은 무언가 이상하다.

즉, 논거가 있다고 해서 그것이 무조건 참이 되는 것은 아니며, 논거가 주장과 상식적으로 연결된다고 해서 또 무조건 참이라고만은 할 수 없다. 주어진 진술의 문맥적·맥락적인 부분에 대한 정보를 완전히 이해하고 맥락 안에서 참과 거짓을 판단해야 한다. 어떤 논증을 '참'으로 판단하기 위해서는 많은 정보가 필요하다. 이 정보는 바로 논거와 주장의 올바른 연결을 평가하는 데 쓰인다.

따라서 논리적 판단에 대해 물어볼 때 단순히 한 줄짜리 진술이라면 그 자체로 판단해도 무리가 없지만, 일정 부분 길이가 있는 정보라면 정확한 이해를 바탕으로 한 맥락적인 판단도 필요하다.

다음 논증에 대해 논거와 주장의 연결이 적절한지 아닌지
판단하라.

ㄱ. **주장**: 개미나 작은 날벌레, 초파리 같은 벌레를 손이나 휴지로
납작하게 눌러서 잡아도 붉은 피가 나오지 않을 것이다.

사실: 사람의 피가 붉게 보이는 것은 적혈구 안에 있는 헤모
글로빈이 빨간색을 띠기 때문인데 벌레에게는 헤모글
로빈이 아닌 헤모시아닌이라는 구리로 된 물질이 있
어서 빨간색으로 보이지 않는 것이다.

ㄴ. **주장**: 늙는다고 해서 면역기능이 쇠퇴하는 것은 아니다.

사실: 인체에 충분한 영양을 공급해줄 수 있는 건강한 식사
습관이야말로 나이가 들어가면서 병원균 및 질병에
대항할 수 있는 능력을 유지해주는 자연스러운 수단
이 될 수 있다.

ㄷ. **주장**: 대가족 구성원일수록 알츠하이머 위험이 높다.

사실: 어린 시절 두뇌의 성장과 발육은 사회·경제적 수준과
대체로 비례한다. 1900년대 초 미국의 교외 농장은
평균 5명 이상의 아이들을 가진 경우가 많았으나 대다
수의 농부들이 도시로 이주하면서 농장아이들과 도시

아이들을 구분하는 것이 어렵게 되었다.

〈 정답 및 해설 〉

ㄱ. 은 적절하다.

ㄴ. 에는 "면역기능이 쇠퇴"하는 사항에 대해서 알 수 있는 부분이 전혀 없다.

ㄷ. 에는 "대가족"인 경우가 아니라 도시와 농촌의 구분에 대한 이야기가 나왔다.

벼락치기를 하는 이유 _ 전제

대학생의 기본은 '벼락치기'다. 벼락치기 시험공부를 얼마나 잘 해내느냐에 따라 성적이 바뀐다. 또한 대학을 졸업하고 사회에 나왔을 때 벼락치기를 성공적으로 치러냈던 그 경험들이 긍정적인 작용을 하기도 한다. 기한이 정해진 일의 마감을 두고 압박감을 견디는 데 큰 자양분이 되기 때문이다.

벼락치기를 하려면 체력이 밑바탕이 돼야 한다. 따라서 바람직한 벼락치기를 위해서 체력 비축은 필수다. 졸음은 벼락치기의 적이다. 잠깐 눈 좀 붙였다가 해야겠다고 생각하는 그 해이한 마음이 성적표를 서부의 총잡이로 만들어 버린다. 스마트폰,

인터넷, IP TV, 냉장고, 치킨, 소파 등은 모두 벼락치기를 할 때 멀리해야 할 것들이다.

하지만 벼락치기의 가장 강력한 적은 따로 있다. 그 적은 12시를 넘어서 1시쯤 찾아오게 마련인데, 바로 '내가 무슨 부귀영화를 누리겠다고 지금 이렇게 공부하고 있나?' 하는 회의감이다. 문득 인생에 있어 공부보다 더 중요한 것이 있는 것 같고, 잠 한숨 더 자는 것이 '행복을 위해 더 중요한 일'이 아닐까 하는 생각이 들면서 침대로 향하는 자신의 발길이 무척 정당하게 느껴진다. 물론 이 생각은 다음 날, 꺼져 있는 자명종과 함께 창밖으로 내동댕이쳐지게 마련이다.

벼락치기를 하면서까지 시험을 준비하는 사람들은 적어도 좋은 점수를 받아야 한다는 전제를 공유하고 있는 셈이다. 그런데 벼락치기를 하다가 문득 '좋은 점수를 받으면 뭐 하나' 하는 생각이 드는 것은 이 부분에 대한 공유가 사라진다는 것이다. 그렇다면 굳이 열심히 공부해야 할 필요가 없다. 이전에 가졌던 전제가 달라진 것이다.

전제는 어떤 행동이나 생각을 가능하게 하는 숨겨진 원동력이다. 가령 친구와 3시에 만나기로 약속을 했는데, 친구가 3시 5분에 나왔다고 하면 왜 5분 늦었냐고 따져 물을 수 있다. 그러면 친구는 자기 시계로는 정확히 3시라는 둥 변명을 늘어놓을 것이다. 이런 변명을 한다는 것은, 적어도 이 친구는 '약속은 지켜야 한다'는 전제를 공유하고 있다는 뜻이다. 이 부분에 대한 공유가 없다면 친구의 반응은 "약속 까짓것, 깨라고 있는 거지 뭐"가 된다. 그러면 '5분 늦었네', '정확히 3시에 약속이네' 하고 따질 이유가 없어져 버린다. '약속은 깨라고 있는 것'이기 때문이다.

TV에서 하는 토론을 보면 서로 자기네 주장만 하다가 들어가는 것을 보게 된다. 이들의 토론이 평행선을 달리는 가장 큰 이유는 전제가 다르기 때문이다. 그러므로 어떤 결론을 도출하기 위해서는 먼저 전제부터 체크해서 공유해야 할 것이다. 약속은 깨라고 있다는 사람과 5분 늦은 걸로 다퉈봤자 시간만 아까울 뿐이다. 발전적인 토론, 창조적인 합의를 이끌어내기 위해서는 전제를 찾아내 그것에 대해 공유하고 있는지 확인하는 작업이 선행되어야 한다.

다음 주장들의 전제는 무엇일까?

1) 사건 현장에서 그의 지문이 발견되었다. 그의 범행임에 틀림없다.

2) 어려서부터 자유로운 환경에서 산 사람들은 창의성이 풍부하게 마련이다.

3) 사물인터넷의 시대가 열리고 있으므로, 우리 회사도 사물인터넷에 대한 투자를 확대해야 합니다.

먼저 첫 번째 주장에서 전제는 "사건 현장에서 지문이 발견된 사람은 무조건 범인이다"가 된다. 그러니까 사건 현장에서 지문이 발견된 '그'가 범인이 되는 것이다. 두 번째 주장에는 "자유로운 성장 환경은 창의성을 촉진한다"는 정도의 전제가, 세 번째 주장에는 "시대적인 흐름을 타야 경쟁력이 생긴다" 정도의 전제가 있다고 볼 수 있다.

여기에서는 이 전제들의 옳고 그름을 따지기보다, 전제를 무사히 찾아내었는가에 대해서만 관심을 기울이기로 하자. 전제는 너무 당연해서 굳이 써줄 필요가 없기 때문에 생략하는 것이다. 그래서 찾기가 어렵다. 당연하기 때문에 미처 그것이 전제라고 생각하지 못하는 것이다.

Example

다음에 주어진 진술에서 '전제'를 유추해보자.

ㄱ. 그녀도 사람인데 이슬만 먹고 살진 않겠지.
→

ㄴ. 그녀랑 노래방에 같이 갔는데, 탬버린 다루는 솜씨가 보통이 아니다. 한때 음주가무를 즐겼음에 틀림없다.

중복 없이, 누락 없이

주어진 정보를 작은 단위로 분류하는 것도 분석의 한 종류다. 가령 사람은 남자와 여자로 나뉜다. 그리고 남자와 여자는 다시 결혼한 남자, 결혼 안한 남자, 결혼한 여자, 결혼 안한 여자로 나뉜다. 혹은 남자와 여자를 나이별로 나눌 수 있고, 인종별로 나눌 수도 있고, 나라별로 나눌 수도 있다. 아니면 이런 객관적인 지표 말고 착한 남자, 나쁜 남자, 착한 여자, 나쁜 여자 식의 주관적인 기준에 따라 나눌 수도 있다. 이런 것이 바로 '분류하기'고, '분석하기'다. 이 경우에는 분석의 기준이 중요하다. 어떤 기준으로 나누느냐에 따라 이어 붙는 지표들이 천차만별이 된다.

　　이 분류에 대한 연습만 잘 해도, 한 가지 현상을 다양하게 바라볼 수 있는 눈이 생긴다. 원인을 분석한다든가 한 단계 더 생각한다든가 하는 사고의 프로세스에도 이 분류의 눈은 유용하게 작용한다. 사실 이런 분류의 방법은 맥켄지 컨설팅에서 MECE라는 방법으로 시행하고 있어서, 문제 해결의 한 방식으로 널리 쓰이고 있기도 하다.

MECE^{Mutually Exclusive and Collectively Exhaustive}는 굳이 우리말로 번역하자면 '중복 없이, 누락 없이'라고 생각하면 된다. 어떤 상황이나 사건, 품목 같은 것을 하위 항목으로 나눌 때, 그 항목들이 상호 배타적이면서(중복 없이), 합치면 이른바 완전체를 이루게 되는 것(누락 없이)을 말한다. 문제 해결을 위해 그 문제를 구성하고 있는 구성 요소나 또는 그 문제에 영향을 미치는 요인들을 찾아가는 과정에서 중복 없이, 누락 없이 전체를 조망하고 인사이트를 얻기 위한 어떤 기준을 말하는 것이다.

가령 음식점을 성공적인 경영을 위한 요소를 판단해보면, 매출을 증대하기 위해서 생각해야 할 요소는 판매량 증대와 판매가 증대 두 가지가 있다. 판매량을 증대하기 위해서는 시장 규모를 확대하는 방법이 있고, 시장의 크기는 그대로지만 점유율을 높이는 방법이 있다. 판매 가격 증대 방안은 가격 자체를 올리는 방안이 있고, 묶음 상품을 만들어서 한꺼번에 많은 양을 구입하게 만드는 방법이 있다.

이것을 트리 형태로 그리면 다음과 같다.

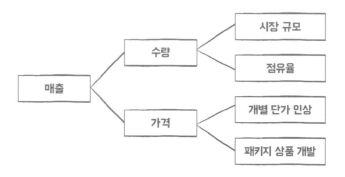

위와 같이 매출을 분류할 때는, '수량'과 '가격' 이외의 분류 요소는 없다. 구조조정을 통한 순익 증대 같은 방안은 순익 증대 방안이지 매출 확대 방안은 아니다. 만약 이외에 매출을 끌어올리는 다른 방법이 있다면 분석을 잘못한 것이 된다. MECE는 '중복 없이, 누락 없이'기 때문이다.

물론 매출을 다른 방법으로 분류하여 매출 확대 방안을 생각할 수도 있다. 가령 매출을 일으키는 고객을 단체와 개인으로 분류할 수 있을 것이다.

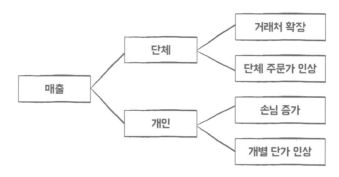

판매 가격이 아닌 고객 수의 증가에는 거래처 확장과 손님 증가라는 두 가지 방법이 있는데, 거래처를 늘리기 위해서는 '영업'이 필요하고 손님을 확보하기 위해서는 '마케팅'이 필요하기 때문에 서로 다른 구체적인 전략이 나올 수 있겠다.

그렇다면 또다시 하위 요소로 들어가서 각 요소들을 세부적으로 나눌 수 있을 것이다.

Exdmple 💡

다음 주어진 소재를 나누는 연습을 해보자.
1. 교육 (인터넷 강의를 제외한 오프라인 위주)

2. 미디어

〈 해설 〉

1. 교육을 하는 주체에 따라 공교육과 사교육으로 나누고, 공교육 같은 경우는 대표적인 학교 수업과 그외로 나눈다. 사교육 같은 경우는 형태에 따라, 단체 교습과 개인 교습으로 나눈다.

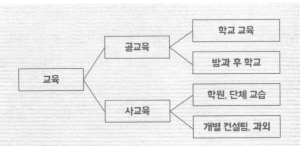

2. 미디어에는 전통적인 미디어와 뉴 미디어가 있다. 올드 미디어는 전파를 활용해 불특정 다수에게 전달하는 TV 등과 종이에 인쇄를 하는 신문 등이 대표다. 뉴 미디어는 네트워킹이 1:다수냐, 1:1이냐에 따라, 1:다수인 인터넷을 활용하는 포털 등이 있고, 1:1인 모바일을 이용한 SNS가 있을 수 있다.

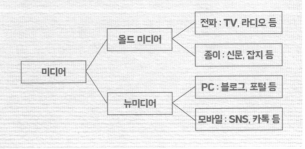

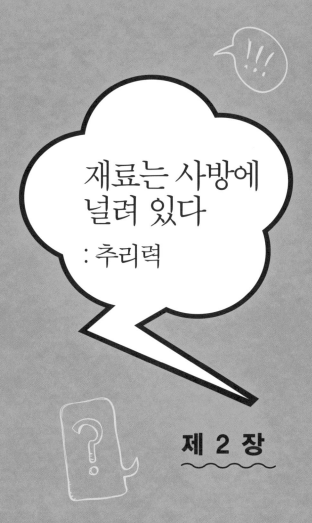

재료는 사방에
널려 있다

: 추리력

제 2 장

뻥치시네.
선후배가 새벽 2시에
왜 만나냐?

CHAPTER 2

추리력 TEST

영화 〈어벤져스3〉의 개봉을 맞아 시사회에 참석한 사람들을 대상으로 아이언맨, 캡틴아메리카, 헐크의 인기투표를 실시했다. 투표에 참가한 사람은 총100명으로 아이언맨, 캡틴아메리카, 헐크 중 한 명에게 투표하도록 했는데,

157

이들 중 어떤 사람들은 항상 거짓말로 대답을 하고 나머지는 항상 진실만을 말한다고 한다.

질문1. 당신은 아이언맨에게 투표했는가?
질문2. 당신은 캡틴아메리카에게 투표했는가?
질문3. 당신은 헐크에게 투표했는가?

첫 번째 질문에 이들 중 60명이 '그렇다'라는 대답을 했다. 그리고 두 번째 질문에는 40명이 '그렇다'라는 대답을 했고, 세 번째 질문에는 30명이 '그렇다'라는 대답을 했다. 이들 중 항상 진실을 말하는 사람은 모두 몇 명인가?

추리는 알려진 정보를 바탕으로 아직은 알려지지 않은 새로운 정보를 찾아가는 것을 말한다. 이 문제에는 이미 몇 가지 정보가 주어졌다. 그러므로 그것을 조합하여 알고자 하는 정보를 찾아낼 수 있다.

이 문제를 해결하기 위해서는 연역적 추리가 필요하다. 정보들을 합해서 반드시 참이 되는 의미 있는 정보를 찾아내는 것이 바로 연역적 추리다. 직접 알려주지 않은 정보지만, 정보들을 합해서 새로운 정보들을 끄집어내는 훈련을 통해 이런 문제를 해결할 수 있다.

첫 번째 질문에 60명, 두 번째 질문에 40명, 세 번째 질문에 30명이 '그렇다'라는 대답을 했으니 이들의 수를 모두 합하면 $60+40+30=130$명이다.

100명 중에 진실만을 말하는 사람은 세 가지의 질문에 한 번만 '그렇다'라는 대답을 했을 것이고, 반면에 거짓말만 하는 사람은 세 질문에 두 번 '그렇다'라는 대답을 했을 것이다. 자신이 진짜로 투표한 캐릭터에 대한 질문에는 '아니다'라고 대답하고, 투표하지 않은 두 캐릭터에 대한 질문에만 '그렇다'라고 답했을 것이기 때문이다. 100명에게 질문을 했는데 130번 대답이 나왔다면, 100명 중 두 번씩 대답을 한 사람이 모두 30명이다. 그리고 이들은 거짓말만 하는 사람들이다. 그러므로 참인 말을 하는 사람은 70명이 된다.

쥐와 고양이의 진실

폐암에 걸린 아버지가 결국 돌아가시자 장례식장에서 남자는 펑펑 울면서 비장한 표정으로 결심을 한다. '이제 나도 담배를 끊고 건강하게 살아야지.' 워낙 단호한 남자의 결심에, 친척들은 모두 잘 생각했다고 남자를 격려해주었다.

남자는 과연 담배를 끊었을까? 아니다. 아버지 죽음 이후 유산을 놓고 친척들과 다툼이 일어나 속이 상한 탓에, 남자는 하루에 반 갑 피우던 담배를 한 갑씩 피우게 되었다. 아버지의 죽음 앞에서 가졌던 비장한 각오였기에 금연에 성공했으리라는 정황적 확신을 가졌으나 그것이 사실로 연결되지는 못했던 것이다.

하나만 더 예를 들어보자. 어떤 심리학 교실에서 교수가 '배고픈 고양이가 쥐를 잡았다'는 문장을 보여주고 10분 후에 학생들에게 "아까 보여준 문장을 기억해보라"고 했다. 그런데 학생들 대부분은 "배고픈 고양이가 쥐를 잡아먹었다"고 기억을 더듬었다는 것이다. 이것이 바로 추론의 비밀이다. 배고픈 고양이는 쥐를 잡으면 먹어버릴 것이라는 '일반적인 상식이나 경험'을 가지고, 말하지 않은 부분까지 미루어 짐작하는 것이다.

추론이라는 말은 주어진 정보에 드러나지 않은 부분을 미루어 짐작하는 것을 뜻한다. 문제는 주어진 정보에서 '반드시' 이끌어낼 수 있는 정보가 있는 반면, '그럴듯하게' 이끌어낼 수 있는 정보가 있다는 것이다.

반드시 이끌어낼 수 있으면 '필연성을 가진다'라고 얘기하고, 그럴듯하게 이끌어낼 수 있으면 '개연성을 가진다'라고 말한다. 추론은 필연성을 띠지 않고 개연성을 띠는 경우가 많은데, 그럴 경우 그 추론을 '적절하다'고 할 수는 없다.

'반드시 그렇게 되는' 필연적 추론은 연역추론이고, '그렇게 될 가능성이 많은' 개연적 추론은 귀납추론이다. 어떤 사실이 먼저 주어진 후 거기서 이끌어낸 추론이 반드시 나올 수밖에 없는 사실이라면 그것이 연역추론이라는 것이다. '모든 사람은 죽어. 그런데 소C는 사람이야'라는 사실에서, '그러니까 소C도 죽는다'는 사실은 반드시 도출된다. 이것이 연역추론이다. 반면, '할리우드 영화에 일본인이 나와. 할리우드 영화에 중국인도 나와. 그러니 할리우드 영화에 한국인이 나올 수 있어'라는 추론은 반드시 그렇다고 말할 수는 없다. 하지만 개연성은 가지게 된다. 이럴 경우 우리는 귀납적 추론이라고 부른다. 연역추론과 귀납추론의 가장 큰 차이는 바로 이러한 개연성과 필연성에 있다.

그런데 우리는 연역추론과 귀납추론에 대한 오래된 편견 하나를 가지고 있다. 연역법은 중심 문장이 맨 앞에 오기 때문에 두괄식, 그리고 귀납법은 중심 문장이 맨 뒤에 오기 때문에 미괄식이라고 중학교 때 배웠을 것이다. 그런데 과연 그런가? 우리가 아는 전형적인 연역법과 귀납법을 예로 들어 설명해보자.

(가)	(나)
모든 사람은 죽어.	소C는 죽어.
소C는 사람이야.	아C도 죽어.
--------------------------	--------------------------
따라서 소C는 죽어.	모든 사람은 죽어.

과연 (가)의 주장이 두괄식으로 기술되어 있는가? (가)의 주장은 '소C는 죽어'지 '모든 사람은 죽어'가 아니다. 그러니 '연역법은 두괄식'이라는 공식은 얼마나 황당한 말인가! (나) 역시 마찬가지다. 지금 상태로는 미괄식이 맞지만, 이 얘기들을 "모든 사람은 죽게 마련이야. 왜냐하면 소C도 죽고, 아C도 죽었거든"이라고 말해도 된다. 그런데 이런 순서라면 두괄식이 된다. 그러니까 중학교 시절 배웠던 연역법과 귀납법의 이분법적 구별 방법은 그다지 합리적이지 않은 것 같다.

그렇다면 연역법과 귀납법을 어떻게 구분할 것인가? 이미 앞에서 말한 대로 개연성과 필연성의 차이로 구분된다. 논거와 주장의 관계가 개연적이면 귀납법, 필연적이면 연역법이라고 하는 것이다. 논거에서 필연적으로 주장이 도출되면 연역법이고, 논거에서 개연적인 사실만 도출되면 귀납법이다.

귀납법과 연역법의 구분은 왜 필요할까? 그것은 어떤 정보가 주어졌을 때, 필연적으로 나오는 추가 정보인지 아니면 개연성만 가지는 추가 정보인지를 판단해, 그 정보를 활용하는 방법을 한정하기 위해서다.

연역법과 귀납법은 주장의 위치가 아니라 전제에서 결론
으로 이르는 판단에 필연성이 있는가, 개연성이 있는가로
가려진다. 다음에 주어진 추론들이 연역적인지 귀납적인
지 밝혀보자. 밑줄 친 것이 결론이다.

ㄱ. 왼손잡이가 되는 것은 유전적이거나 문화적 훈련에 의한 것
　이다. 그런데 문화적 훈련에 의한 것이 아니라는 사실이 밝혀
　졌다. <u>그러므로 왼손잡이는 유전적인 것이다.</u>
　→　(연역법, 귀납법)

ㄴ. 우리나라의 출산율이 줄어든 것은 정부 통계에서 보듯 10년
　전부터 지속되어온 현상이다. <u>그러므로 앞으로도 출산율은
　계속 줄어들 것이다.</u>
　→　(연역법, 귀납법)

ㄷ. 실업자의 수가 증가했고 신용불량자가 늘어났다. <u>그러므로
　실업자의 증가가 신용불량자 증가의 원인이다.</u>
　→　(연역법, 귀납법)

ㄱ은 전제가 맞다면 반드시 참인 연역법, ㄴ은 앞으로는 다르게

나타날 가능성도 있으므로 귀납법, ㄷ은 우연히 증가 수치가 유사한 것일 수도 있으므로 귀납법이 된다.

두 사람은 사귀는 게 분명해

사람들은 하루에도 수천 번씩 추리 능력을 사용한다. 추리는 '정보와 정보를 합쳐서 새로운 정보를 창출하는 능력'이라고 했는데, 이 말을 달리하면 '생각하는 능력'이 된다. 생각하는 능력이란 곧 스스로의 사고 작용으로 새로운 정보를 창출하는 것이다. 그러므로 우리가 흔히 말하는 '생각한다'는 것이 결국 추리한다는 말과 유의어가 되는 셈이다. 이러한 맥락으로 보았을 때, 보통의 사람들도 늘 추리를 하고 있음을 알 수 있다.

예를 들어 다음의 두 정보를 합치면 새로운 정보가 나온다.

1. 어제 회식 때 늦게까지 술 마시다가 들어간 부장님의 얼굴이 오늘 아침, 유난히 안 좋아 보인다.
2. 매 회식 때마다 술 마시고 늦게 들어갔다가 부부싸움을 하는 경향이 있다.

→ 오늘은 부부싸움 뒤끝이라 기분이 안 좋으신 게 분명하다.

164

그리고 이 정보로 또 다른 정보를 창출한다.

> 3. 오늘은 부부싸움 뒤끝이라 기분이 안 좋으신 게 분명하다.
> 4. 기분이 안 좋으실 때는 결재를 깐깐하게 하고 잘 통과시키지
>   않는 경향이 있다.
>
>   --
>
>   → 결재를 오후나 내일로 미루는 것이 좋겠다.

별것 아닌 예 같지만 이런 생각에도 추리가 들어가 있다. 보통은 수차례의 경험이 쌓인 다음 이에 근거해서 추리하게 되지만, 순간적인 사고 작용이 빠른 사람은 경험이 많지 않더라도 추리를 빨리 해서 재빨리 최적화된 결론을 만들어낸다. 그래서 이런 사람을 좋은 말로는 센스가 있는 사람, 일반적으로는 눈치가 빠른 사람이라고 말한다.

추리의 재료는 사방에 널려 있다. 연습하려고 마음만 먹으면 언제든지 얼마든지 추리 연습을 할 수 있다. 그 어느 때보다 추리의 재료가 되는 정보를 접하기 쉬운 환경이기 때문이다. 그러나 추리의 프로세스를 모르기 때문에 이런 훌륭한 환경에서도 스스로의 능력 향상과 지능 계발을 위한 기회를 걷어차버리는 경향이 많다.

우리가 평소에 접하는 신문기사를 가지고 추리를 활용하는 것은 연예인들의 열애기사 정도다. '친한 선후배 사이라고 부정

하는 것은 여태까지의 선례를 보면 다 뻥이야. 친한 선후배가 새벽 2시에 만날 일이 뭐가 있겠어' 이런 식으로 추리를 전개하면서 알려지지 않은 정보를 기정사실화 한다. 이런 사고의 영역을 시사, 정치, 경제, 문화로 돌리면 훌륭한 예측력을 가진 인재가 탄생하는 것이다. 이제 여러 가지 정보를 합쳐서 새로운 사고를 창출하는 추리 연습을 해보자.

Example 💡

다음 주어진 정보를 바탕으로 추리할 수 있는 결론을 내려보자.

예제 1.
1. 세계적인 명감독이 새로운 영화를 들고 나왔다.
2. 이 감독의 작품은 평단의 인기는 높지만 대중적인 인기는 별로 없었다.

따라서 (   )

예제 2.
1. 국내 스마트폰 액세서리 시장 규모

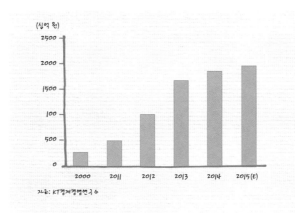

자료: KT경제경영연구소

2. 신문기사

삼성 스마트폰 시장 점유율 하락이 심상치 않다. 스트래티지
애널리틱스(SA), IDC 등 시장조사기관에 따르면 지난해 4분기
삼성전자 시장 점유율은 선진국과 신흥국 시장을 가리지 않고
하락세다. 가파른 하락세라서 더욱 불안하다. 북미와 유럽 등
선진국 시장에선 애플에, 중국과 인도 등 신흥 시장에선 현지
업체에 밀린다. 대화면 애플 아이폰과 중국, 인도 저가 제품
사이에 끼어 질식할 지경이다.

(   )

사실 추리라는 것이 여러 방향으로 뻗어나갈 수도 있는 것이니
까, 여기서 소개하는 것은 정답이라기보다는 답의 샘플이라고 생
각하면 된다.

167

예제 1 따라서 이 새로운 영화는 흥행하기는 힘들 것이다.

예제 2 (국내) 스마트폰이 어느 정도 보급 완료되는 추세다.

예제 1은 어느 정도 추리의 결론이 정해져 있지만 예제 2는 꼭 그렇지도 않다. 그런데 우리가 일상에서 만나는 정보의 소재는 바로 예제 2 같은 정보들이다. 이렇게 파편적으로 떨어져 있는 정보를 모아서 하나의 의미를 도출해내는 것이 추리다.

예제 2 같은 경우는 신문기사 자료만 보면 그냥 삼성의 점유율이 하락하고 있다는 것을 나타낸다. 그러나 여기에 1번 자료를 더하면 국내 스마트폰 보급률이 포화 상태에 가깝다는 추리가 가능해진다.

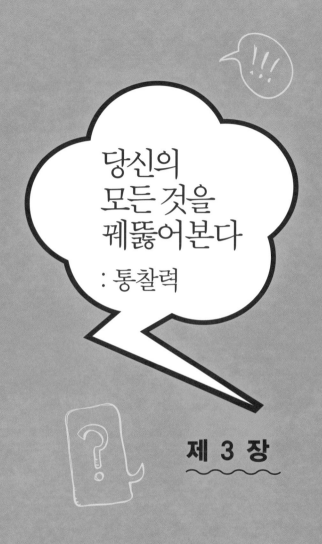

당신의
모든 것을
꿰뚫어본다

: 통찰력

제 3 장

통찰력은 타고나야 한다고?
천만에! 통찰을 이끌어내는
과정을 익히면 된다고!

CHAPTER 3

칠판에 1부터 10까지의 자연수 10개가 적혀 있다. 다음의 조작을 두 수가 남을 때까지 반복하여 시행했다.

조작 : 칠판에 적혀 있는 임의의 세 수 a, b, c를 택하여 지우고, 지운 세 수의 합에서 1을 뺀 수(a+b+c-1)를 남긴다.

171

이때 다음 물음에 답하라. 제한 시간은 1분이다.

→ 총 조작은 (   )번 일어났으며 남아 있는 두 수의 합은
(   )이다.

시간제한만 없다면 무한반복을 통해서도 풀어낼 수 있는 문제다. 하지만 시간제한을 두는 이유는 그런 식으로 풀지 말고 어떤 공통점을 찾아내라는 의미다. 즉, 통찰력이 필요한 문제인 것이다. 통찰력을 발휘해서 주어진 원리를 파악하면 상당히 쉬운 문제지만 그렇지 못하면 고생을 해야 한다. 물론 통찰력이 없다고 해서 풀지 못할 문제는 아니다. 이 수 저 수를 대입해보면 되기 때문이다. 하지만 역시 그 방법으로는 1분 안에 풀기 힘들다.

10개의 수 중에서 3개를 택해 1개만 남기는 것이니까 한 번 조작 때마다 2개씩 수가 줄어든다. 따라서 총 4번 조작하면 8개가 줄어들고 최후로 2개만 남아 더 이상 할 수가 없다.

그렇다면 남아 있는 두 수의 합은 어떻게 구할까? 의외로 복잡하지 않다. 1에서 10까지 모든 수를 다 합하면 55가 된다. 그런데 주어진 조작을 한 번 시행할 때마다 -1이 빠지는 것이니까 총 4번 시행하면 -4가 빠진다. 마지막 두 수를 합한다는 것은 결국 1에서10까지 다 더한 다음에 -4를 빼라는 소리와 마찬가지다. 그러니까 남아 있는 수를 합하면 51이 된다.

172

한 예능 프로그램에서 서울대생들의 공부비법으로 '무조건 외워라'가 나왔다. 이것이 사실이라면 창의적·비판적 사고력을 외면하는 서울대 교수들의 수업 방식과 대학 당국에 책임을 물어야 할 것이다. 경쟁력 없는 암기왕이 될 것인가, 통찰력 있는 인재가 될 것인가?

숨겨진 공통점은 무엇?

일반적으로 '통찰력'이라는 말은 추리와 연결하여 많이 쓰인다. 예를 들어 "찰리 채플린은 희극 배우였지만 자본주의와 기계로 인한 인간 소외를 날카롭게 풍자하며 시대를 앞선 놀라운 통찰력을 보여주기도 했다"와 같은 평을 보면, '통찰력'을 '미래를 내다보는 예측력' 정도의 의미로 쓰고 있다.

제1장에서 통찰력을 '정보 이해와 그에 따른 추리'라고 했으니, 통찰력을 위한 기본 능력은 앞에서 다 한 번씩은 생각해본 셈이다. 하지만 아직도 통찰력이라는 것이 손에 잡히지 않고 애매모호한 부분이 있다.

통찰력을 기르라고 많은 이들이 조언하지만, 정작 그 통찰력을 기르기 위해서 무엇을 어떻게 해야 하는지는 알려주지 않는다. 조언하는 사람 자체도 잘 모르는 경우가 많다. 스스로 통찰은 할 수 있지만, 그 사고의 과정까지는 정확하게 생각하지 않기 때문이다. 그래서 통찰력은 타고난 사람들이나 하는 것 같이 되어 버리는데, 사실은 통찰의 방법도 어느 정도 프로세스로 정리가 가능하다.

통찰의 방법을 구체적으로 추출해보면, 크게 두 가지 정도의 프로세스가 도출된다. 하나는 공통점을 찾아서 분류하는 '분류하기'고, 또 하나는 사건의 선·후 관계나 경향성을 파악한 다음에 인과나 상관관계로 연결하는 '인과 찾기'다. 물론 이 외에도 사고 작용에서 일어나는 여러 가지 통찰의 프로세스가 있겠지만, 일반적으로 가장 많이 쓰이는 통찰의 방법인 이 두 가지만 익혀도 충분하다.

여러 사건이 병렬적으로 연결될 때, 공통점을 찾아서 그것들을 분류하는 것은 통찰의 가장 기본적인 방법이다. 다음은 현역 백화점 MD들이 백화점 쪽의 진로를 희망하는 청년창업가들에게 멘토링을 해주면서 나온 얘기 중 일부다.

Q : 통찰력은 어디서 얻나?

A : 대학시절 노르웨이에 교환학생으로 갔다. 유럽의 백화점, 쇼핑몰을 다니며 많은 브랜드의 옷을 입어봤다. 수백 년 된 건물 외관을 쓰는 런던 해러즈 백화점을 보고 감명을 받았다. 여행을 하면 통찰력을 얻을 수 있다. 입사 후 매년 휴가 땐 일본, 미국, 홍콩 등의 백화점, 쇼룸, 패션위크를 꼭 다녀온다.

B : 월간식당, 바앤다이닝, 호텔레스토랑, 카페스위트 등 식품

잡지를 구독한다. 팀미팅 때는 각자 조사한 것을 공유하기
도 한다. 자신이 가본 카페와 디저트를 이야기하면서 트렌
드를 찾기도 한다.

C : 레몬트리 등 리빙 잡지를 구독하며 어머니들이 정보를 공
유하는 온라인 카페를 자주 간다.

이들이 직업에 필요한 통찰력을 얻기 위해서 하는 일은 한마디
로 트렌드를 파악하는 일이다. 이를 위해서 여러 가지 경험, 여
행, 잡지 읽기, 커뮤니티 활동을 하고 있는데, 정보를 파악한 후
그 안을 관통하는 공통적인 흐름을 도출하는 것을 이들은 통찰
력이라고 생각하는 것이다.

연애 상담의 경우를 보자. 여기에조차 통찰력이 적용된다.

Q : 썸남이 있는데, 직접 만났을 때는 얘기를 하거나 같이 있는
게 어색하지 않은데, 카톡을 보내면 답이 아주 늦거나 답이
와도 'ㅇㅇ' 같이 아주 간단하게 와요. 저한테 관심이 있는
건지 아닌지 잘 모르겠는데, 어떤가요?

A : 남자는 원래 문자를 길게 하거나 잘 활용하지 않습니다. 특
히 내성적이거나 쑥스러운 것을 못 참는 숙맥인 경우 더더
욱 그렇죠. 그런데 직접 만나면 어색하지 않다는 것을 보니
숙맥은 아니라는 것인데, 썸을 타는 사이에서 답톡이 늦다

175

는 것은 아무래도 관심이 덜하다는 얘기가 되겠죠. 썸을 탈 때 남자들은 자신의 평소 성격보다 더 적극적이게 마련이거든요. 그런데 먼저 문자는 못할망정 답톡까지 성의 없다는 것은 상대방 남자 입장에서는 썸타는 관계가 아닐 수도 있다는 의미입니다. 관심을 접으시는 게 좋을 것 같네요.

많은 경우, 이런 식의 대답이 이루어진다. 여기서 '이런 식'이라는 것은 내용이 아니라 형식을 말한다. 어떤 상황이나 징후에 대한 통계적인 원리가 있고, 그것을 바탕으로 예측력을 발휘하는 것이다. '그런 상황에서도 포기하지 않고 열심히 하면 결국 성공한다'는 평범한 조언을 할 때도, 대부분 경험이나 사례를 논거로 제시한다.

이런 통계적인 해답은 결국 경험이나 정보에서 나오는 '법칙'이다. 물론 과학의 법칙처럼 언제 어디서나 한결같이 적용되는 원리는 아니지만, 통계적으로 개연성이 있기 때문에 법칙이라고 지칭할 수 있다.

우리가 통찰력을 이야기하면서 경험이라는 조건을 붙이는 이유 중 하나는 이런 통계적인 원리 파악과 관계가 있다. 살아온 인생이 길수록 많은 경험을 했고, 그 경험들은 통계의 소스가 되기 때문에, 나름의 법칙들이 형성되어 있는 것이다. 그래서 인생의 격언들에는 삶을 관통하는 통찰이 들어 있다고 이야기하는 것이다.

하지만 살아온 날의 적립이 반드시 통찰력과 비례하는 것은 아니다. 그렇다면 모든 나이 든 사람들은 다 통찰력이 있어야 하는데, 통찰력보다는 고집이 있는 사람들도 많기 때문이다. 나이가 적고 경험이 많지 않더라도 적은 소스를 가지고 유용한 원리를 뽑아내는 사람도 있다. 이런 사람을 바로 통찰력을 가지고 있다고 한다. 통찰이라는 말을 '숨겨진 원리 찾기'로 대체할 수도 있겠다.

그래서 주어진 현상에 대한 공통점 혹은 원리를 설정하는 연습이 필요하다. 현상들을 나열하고 원인에 대한 가설을 이것저것 세워보면서 숨겨진 원리가 무엇인가를 찾아내려고 노력하다 보면, 통찰할 수 있는 눈을 가질 수 있다.

요즘 웬만한 기업에서 모두 실시하는 채용 단계에서의 적성검사는 사실 적성을 검사한다기보다 회사에서 일을 수행할 정도의 소양이 되어 있는지 점검하는 능력 테스트의 성격이 강하다. 그 테스트 가운데 중요한 비중을 차지하는 것이 〈추리〉 영역이다. 〈추리〉에서 귀납적 추리 능력을 체크하는 가장 대표적인 문제가 수 추리 문제와 도형 추리 문제다.

Example

다음 주어지는 두 가지의 공통점이 무엇일까 생각해보자. 정

답은 없다. 자신의 기준을 가지고 생각해보는 연습일 뿐이다.

ㄱ. 커피 & 와인   ㄴ. 연예인 & 대학강사   ㄷ. 복학생 & USB

ㄱ은 한 잔 당 가격이 비싸다, 그냥 먹는 사람은 아무거나 먹지만 깊이 즐기는 사람은 세밀하게 고르는 경향이 있다, 아주 많이 먹으면 몸에 안 좋다.

ㄴ은 무언가 있어 보이지만 사실 별 것 없는 경우가 많다, 점심을 김밥으로 때우는 경우가 많다, 6개월 후에 어떻게 되어 있을지 자신도 전혀 모른다.

ㄷ은 필요할 때 문제를 일으키는 경우가 많다, 잠깐 방심하면 시대에 뒤떨어진다, 왕년에는 잘 나갔었다.

이런 공통점들은 사실 정답이라고 말할 수는 없고 샘플일 뿐이다. 또한 공통점을 찾아봤자 딱히 유용하지도 않다. 하지만 여러 가지 상황에서 말도 안 되는 것을 가지고 공통점을 찾는 시도를 계속하다 보면, 여러 가지 면에서 아이디어를 얻을 수 있다. 그리고 실제 사업이나 창업, 직무에 임할 때 그 분야에서 성공한 것과 자신이 하려고 하는 것을 자꾸 연결시키는 훈련을 하다 보면 콜라보레이션이 가능한 아이디어도 얻을 수 있다.

178

누가 음식에 머리카락을 넣었을까

미국의 넷플릭스라는 기업은 미디어 콘텐츠 유통기업인데, 시네매칭이라는 시스템을 통해서 이용자의 취향을 고려한 영화를 추천해준다. 미국에서 유튜브는 전체 재생 트래픽의 14% 정도를 차지하는 반면 넷플릭스는 30%를 차지한다고 하니, 그 영향력은 절대적이라고 할 수 있다. 넷플릭스는 TV시리즈 제작에 빅데이터를 도입한 것으로도 유명한데, 스트리밍 서비스로 축적한 시청자들의 이용 데이터를 분석하여 시청자들이 어떤 에피소드를 좋아하는지, 어떤 구간을 많이 반복해서 보는지, 어떤 감독이나 배우를 선호하고, 어떤 영화에 평점을 높게 주는지 등을 다 수집하여 최적의 조합으로 드라마를 제작한다. 〈하우스 오브 키드〉 같은 드라마는 이 회사의 대표작이다.

숨어 있는 공통 원리를 찾는 사고의 능력을 통찰력이라고 한다면, 이런 빅데이터를 이용한 공통점 찾기는 통찰력을 기계화하는 일이라 할 수 있다. 그렇게 보자면 빅데이터는 부족한 통찰력을 채워주는 좋은 대안이다. 빅데이터에서 얻을 수 있는 공통점을 모으다 보면, 사람이 하는 통찰력의 힘을 대신해줄 수도 있을 것 같다.

그러나 빅데이터로 알 수 있는 것은 공통점과 전체적인 추세일 뿐, 그에 담긴 의미라든가 상황의 변화 같은 외부적인 요인은 파악할 수 없다.

가령 불황에는 싼 것이 유행한다는 원리는 널리 알려져 있을 뿐더러 상식적으로도 당연한 현상이다. 그런데 불황인 경기에 예상외로 엄청나게 비싼 디저트들이 잘 팔리는 일이 벌어졌다. 이런 현상에 대해서 전문가들은 '나를 위한 작은 사치'라는 개념으로 원인을 분석했다. 불황이다 보니 집과 차 같은 큰 것에 들어가는 돈을 줄이게 되는데, 이에 대한 스트레스나 우울감을 작은 곳에서 사치를 부림으로써 해소한다는 것이다. 디저트는 아무리 비싸야 1만 원을 넘는 것은 별로 없으니까, 디저트만이라도 먹고 싶은 것을 먹겠다는 것이다. 이런 식의 변화 예측을 빅데이터만 가지고 하기는 무척 어려운 일이다. 통찰력은 공통점만이 아닌, 여러 가지 요인들을 고려해야 하기 때문이다.

통찰력에서 가장 우선적으로 고려해야 하는 요소는 '인과'다. 공통점이 동시적인 일들을 나열하고 의미를 부여하는 것이라면, 인과는 통시적인 일들을 나열하고 의미를 부여하는 것이다. 선·후의 사건들을 인과관계로 연결하면 미래에 대한 예측이 가능하다. 또 반대로 벌어진 사건들에 대해서 원인을 찾으면, 사건들에 대한 분석과 대응 그리고 그에 대한 해결이 가능해진다. 이래저래 인과를 설정하는 능력은 인재에게 요구되는 중요한 능력 중 하나라고 할 수 있다.

진나라 문공 때, 문공의 밥상에 오른 불고기에서 머리카락이 나왔다. 문공이 화를 내며 이를 탓하자 주방장이 머리를 조아리며 말했다.

"저는 간장干將이 쓰던 칼보다 더 잘 드는 칼로 고기를 다졌으나 머리카락 하나 자르지 못했습니다. 또 고기를 꽂이에 꽂을 때, 미처 머리카락은 생각하지도 못했습니다. 그리고 새빨갛게 달군 화로에서 충분히 구웠으나 머리카락은 태울 수 없었습니다. 이것은 모두 요리하는 자로서 죽어 마땅한 큰 죄이온데, 그럴 리는 없습니다. 이것은 필시 소인과 원한이 있는 사람의 짓이 아닌가 생각합니다."

문공이 이 말을 듣고 관계자를 조사했더니 과연 그런 자가 있었다. 문공은 주방장을 모함하려던 자를 처형했다.

문책을 당할 상황에 놓인 주방장은 하나하나 원인을 제거하며 논리적인 이유를 찾은 결과, 다른 사람의 모함이라는 결론에 도달했다. 바로 인과 설정의 승리라고 할 수 있다. 물론 인과 설정이 반드시 참이 되는 것은 아니다. 분석이 틀렸을 수도 있기 때문이다. 하지만 인과에 대한 정확한 분석이 통찰력의 핵심이라는 사실에는 변함이 없다. 계속적인 훈련과 연습을 해야 한다.

얼마 전 열린 〈반고흐 10년의 기록〉이라는 미디어 아트 전시회는 실제 원화가 없는 반 고흐 전이었다. 반 고흐라는 이름 때문에 전시장을 찾은 관객들은, 프로젝트로 쏘아서 작품을 보여준

181

다는 것을 알고는 화를 내거나 격렬하게 항의했다고 한다. 그런데도 불구하고 이 전시는 20여만 명을 동원하는 '대박'을 쳤다. 원화도 없는 반 고흐전이 왜 히트했을까?

원인으로 짐작할 수 있는 것은, 첫째 한국에서는 절대로 실패하지 않는 고흐를 전시 주 대상으로 골랐다는 것, 둘째 큰 화면으로 압도적인 몰입감을 주었다는 것, 셋째 그림의 일부분을 조금씩 움직이게 만들어 흥미를 자극했다는 것, 넷째 고급스러운 이미지로 언론 플레이를 잘했다는 것 등이다.

전시의 성공은 이 모든 원인들이 다 복합적으로 맞물려서일 수도 있고, 이 중에 단 한 개 덕분일 수도 있다. 어쨌든 이러한 원인 분석은 다음 전시를 기획할 때 큰 도움이 될 뿐만 아니라 전체적인 문화의 흐름도 짐작할 수 있기 때문에, 문화 비즈니스에 도움을 줄 수 있다.

만약 주원인이 고흐 때문이라고 한다면, 후속으로 샤갈이나 달리 등을 기획하기보다는 고흐를 가지고 지방 전시를 하는 것이 맞다. 그런데 큰 화면에 대한 몰입감이 주원인이라면, 다른 그림들도 이런 형식으로 보여주는 후속 전시를 생각할 수 있을 것이다.

문화 비즈니스뿐 아니라, 다른 여러 가지 산업에도 통찰력에 의한 인과 분석을 적용할 수 있다. 가령 중국인 관광객을 지칭하는 요우커는 대한민국이 관심을 가지는 가장 '핫'한 단어 중 하나일 것이다. 요우커의 수도 늘어나고 있을 뿐 아니라, 이들이 쓰는 돈이 엄청나 중국 관광객을 겨냥한 비즈니스가 최근 많이 연구되고 있다.

구정 연휴가 유난히 긴 중국인들은 매년 구정 기간에 한국을 많이 찾았는데, 이들이 쇼핑한 브랜드의 순위는 다음과 같다.

춘절 기간 요우커 선호 브랜드 변화   자료 : 롯데백화점(은행카드 매출 기준)

	2012년	2013년	2014년	2015년
1	MCM	MCM	스타일난다	스타일난다(여성의류)
2	티디에프	스타일난다	MCM	라인프렌즈(캐릭터 상품)
3	설화수	뉴발란스	루쿨포스쿨	루쿨포스쿨(화장품)
4	오즈세컨	루쿨포스쿨	뉴발란스	원더플레이스(의류편집매장)
5	지고트	티디에프	원더플레이스	뉴발란스(운동화)
6	모조에스핀	MLB	라인프렌즈	MCM(패션잡화)
7	닥스	샤넬	헤라	LG생활건강(미용제품)
8	라네즈	SM TOWN	SM TOWN	레드아이(액세서리)
9	샤넬	라네즈	티디에프	헤라(화장품)
10	프라다	라빠레뜨	레드아이	스튜디오화이트(여성의류)

이 자료는 2012년부터 2015년까지 요우커가 선호하는 한국 브랜드가 어떻게 바뀌었나를 나타내고 있다. 사실 이 자료를 활용하는 것에는 한계가 있다. 1년 사이에 선호 브랜드가 달라지는 것이 눈에 보이기 때문에, 2016년 구정에도 2015년에 잘 팔린 순서대로 팔릴 것이라고 생각할 수는 없다.

일단 이 자료는, 몇 년 전까지만 해도 유명한 특정 브랜드를 선호하던 요우커가 이제는 한국 젊은이들 사이에서 입소문이

난 브랜드를 찾기 시작했다는 것을 보여준다. 명품에만 쏠리는 소비가 아니라 영캐주얼 브랜드를 비롯해 요즘 뜨는 상품을 알뜰하게 구매하는 요우커들이 늘고 있다는 것이다. 또한 중국 관광객들의 동선을 조사해보니 남대문, 명동에 한정되었던 관광코스가 홍대, 가로수길, 경리단길 등으로 동선을 넓혀 맛집을 찾아다니는 쪽으로 변하고 있다. 이 두 정보를 합치면, 중국인들이 마치 한국의 젊은이들처럼 움직이기 시작했음을 알 수 있다. 한국 관광을 하기 전에 인터넷 블로그나 카페 등에서 맛집을 검색하고 자신만의 관광코스를 찾아가는 식으로 움직이고 있다는 것이다. 이런 분석은 결론적으로, 이들을 상대로 마케팅을 펼치려면 중국 관광객을 외국인 소비자가 아닌 내수 고객으로 인식할 필요가 있다는 말이 된다.

Exdmple

다음 현상에 대해서 원인이 될 만한 것들을 추론해보자.

예제 1 도를 넘어서는 인터넷 악플
원인 1 :
원인 2 :

원인 3 :

예제 2 3포 세대(연애, 결혼, 출산의 포기)의 등장
원인 1 :
원인 2 :
원인 3 :

예제 3 알래스카에서 에어컨을 팔기란 아주 어려운 일이다.
원인 1 :
원인 2 :
원인 3 :

예제에 대한 대답은 샘플일 뿐 정답은 아니다. 작성하는 연습, 생각하는 연습을 하는 과정이 중요한 것이므로 아래 답은 참고만 하고 구애 받지는 말자.

예제 1.
원인 1 : 사회적 스트레스가 심각한 수준에 이르렀다.
원인 2 : 모든 사람이 참여하는 개방형 플랫폼인 인터넷의 구조적 한계다.
원인 3 : 익명성과 비대면이라는 특징이 사람을 보다 더 비판적·공격적으로 만든다.

예제 2.

원인 1 : 청년들이 일자리를 구하기 어렵다.

원인 2 : 평생직장 같은 안정적인 직업 개념이 없어져서, 지금은 돈을 벌고 있다 하더라도 미래에 대한 불안감이 상존한다.

원인 3 : 혼자서 편하게 살고 싶은 개인주의적 욕망이 과거보다 더 많아졌다.

예제 3.

원인 1 : 에어컨의 필요성을 느끼지 못하는 사람들에게 에어컨을 팔아야 하는 것이 가장 문제다. 즉, 상품에 대한 니즈가 없다.

원인 2 : 에어컨을 파는 것보다 에어컨이 무엇인지를 설명하고 이해시키는 일이 먼저기 때문에 홍보 마케팅에 많은 돈이 들 수밖에 없고, 혹 어렵게 개척해 놓게 되면 2등 업체가 들어와 많지도 않은 그 혜택을 공유해버릴 가능성이 크다.

원인 3 : 알래스카는 넓고 에어컨의 수요 계층은 적을 것이다. 에어컨 판매에 대한 결정이 이루어지기도 어렵지만 만약 이루어진다 해도 A/S라든가 지점 등의 확충에서 활성화가 이루어지기 어렵기 때문에 고객들이 만족할 만한 서비스를 제공하기가 어렵다.

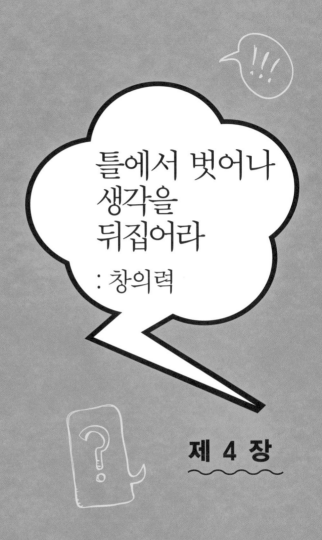

틀에서 벗어나
생각을
뒤집어라

: 창의력

제 4 장

우리가 가지고 있는
상식을 깨야
창의적으로 생각할 수 있다고!

CHAPTER 4

성냥개비 13개로 외양간 모양을 만들었다. 여기에 돼지 6마리를 기를 수 있었다. 그런데 벽 하나에 문제가 생겨서 성냥개비 1개를 빼고 12개로 6칸의 외양간을 다시 만들어야 한다. 단, 각 칸의 크기는 모두 같아야 한다.

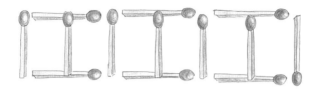

사실 창의력 문제 중에 성냥개비 문제가 많다. 왜냐하면 그냥 우리가 생각하는 평범한 움직임대로 성냥개비를 움직이면 답이 잘 안 나오고, 생각지도 못한 움직임을 보였을 때 답이 결정되기 때문이다.

　그래서 성냥개비 문제들을 많이 풀어본 사람들은 의외로 쉽게 푸는 경향이 있다. 평범하지 않게 움직임을 가져간다는 식의 사고의 확장이 이미 이루어졌기 때문에, 조금 더 생각의 폭이 넓어진 것이다. 그러니까 전제가 이미 일반적인 사람과 다른 상태라는 뜻이다.

　이 문제 같은 경우도 사실 위와 같은 직사각형 방을 만들어 내려면 성냥개비를 한 개 뺀 상태에서는 쉽지 않다. 그래서 일단 직사각형 모양의 외양간이라는 지극히 정형적인 생각을 무너뜨려야 한다. 그렇게 놓고 보면 같은 크기가 되기 위해서는 원을 자르는 식의 방법이 손쉬울 수 있다는 생각을 할 수 있고, 결국 다음과 같은 결론에 다다를 수 있다.

창의력의 정체는 익숙한 생각을 깨는 것이고, 그것은 자신의 생각의 틀이 되는 상식의 패러다임을 깨는 것에서 시작한다.

창의력을 다루는 것은 무척 어려운 일이다. 그 이유는 창의력에 정답이 없기 때문이고, 정답이라고 제시되는 것에서 벗어나는 것이 진정한 창의력인 것 같다는 모순과 마주치기 때문이다. 그리고 지금까지의 경험을 보면 창의력을 가르치는 사람들이 창의력 없는 경우도 상당히 많아서, 창의력의 실체에 대한 불신도 많은 편이다. 무엇보다, 창의력을 가르친다 혹은 배운다는 말도 좀 이상하다. 무언가를 배운다는 것 자체가 이미 창의력을 발휘할 여지가 없는 것은 아닐까?

그래서 우리가 배우고 훈련하는 창의력은 '천재의 창의력'과 구분되는 '인재의 창의력'이라고 제1부에서 규정지었다. 우리가 흔히 '창의력' 하면 생각하는 '하늘 아래 새로운 창의력'은 그

야말로 하늘이 천재들에게만 내려주는 선물 같은 것이다. 평범한 사람들의 수준은 아니기 때문에, '천재'라는 말로 칭송하는 것이다. 이런 천재들은 기존의 관습과 원칙을 깨는 사람들이다.

하지만 모든 사람이 기존의 원칙과 질서를 파괴하는 천재일 필요는 없다. 그래서는 우리 사회가 돌아가지도 않는다. 사회를 이끄는 사람들, 그러니까 인재들의 창의력은 기존의 원칙과 질서 안에서 조금의 개선을 보이는 정도면 된다. 그렇기 때문에 어느 정도 훈련이 가능한 창의력이라는 개념이 성립할 수 있는 것이다.

당연한 상식을 의심하라

토마스 쿤이 《과학혁명의 구조》에서 사용한 '패러다임'이라는 말은 일반적으로 '어떤 한 시대 사람들의 견해나 사고를 근본적으로 규정하고 있는 테두리로서의 인식의 체계, 또는 사물에 대한 이론적인 틀이나 체계'라는 뜻으로 사용되고 있다.

쉽게 말하자면 '상식'이라는 말이다. 가령 '그 영화 재미있으니까 보러 가자'라는 말을 할 때, 이 말의 패러다임으로 작용하는 것은 '보통 사람들은 재미있는 영화를 보고 싶어 한다'라는 합의다. 만약 어떤 사람이 '나는 재미있는 영화를 싫어하고 지루한 영화를 좋아한다'라는 전제를 가지고 있다면 '재미있으니까 그 영화 보자'는 말은 설득력 없는 말이 되고 만다. 하지만 보통은 '그 영화 지루하니까 보러 가자'라는 말이 상식적이지 않다고 여긴다. 그러니까 지금 사회의 패러다임으로 보자면, 지루한 영화를 좋아한다는 사람은 상식적이지 않은 사람인 셈이다.

여기에 창의력의 단초가 있다. 모든 사람들이 인정하는 전제라는 말은 곧, 가장 평범하고 일반적인 생각이란 뜻이니까, 이 전제를 뒤집을 수 있다면 그것은 다른 사람들과 다른 생각을 할 수 있다는 말이 된다. 그래서 창의력을 기르는 첫 번째 단계는 일반적인 전제를 뒤집는 전제 파괴적인 생각이다.

창의적인 문제들을 풀고 토크를 나누는 예능프로그램인 〈문제적 남자〉에서 다음과 같은 수학 문제를 다루었다.

카드 한 장만 움직여서 다음 공식을 완성하라.

〈문제적 남자〉의 출연진인 페퍼톤즈 그룹의 이장원은 과학고에서 1등을 하고 카이스트의 박사 과정을 밟는 인재지만, 이 문제를 포기하고 말았다.

그가 포기한 이 문제의 답은 + 카드를 45도 돌려서 ×로 만든 다음 9카드 위에 올려놓는 것이었다.

이 문제를 풀기 위해서는 카드를 45도 돌리고 다른 카드를 덮는다는 전제 파괴가 반드시 필요하다. 그런데 수학 문제에 철저히 단련된 카이스트의 박사님에게는 이 문제가 어려울 수밖에 없었다. 수학적인 전제가 철저하게 각인되어 있기 때문이었다.

우리는 수많은 전제 안에 살고 있다. '그 영화 재미있으니까 보러 가자'라는 말에는 '재미있는 영화를 사람들은 좋아하기 마련이다' 같은 전제가 깔려 있다. 단지 너무 당연한 말이라서 생략할 뿐이다. 그런데 그렇게 당연한 전제를 생략하다 보니, 어느새 우리가 전제 안에 살고 있다는 사실을 자각하지 못하게 된 것이다.

따라서 전제를 파괴하려면 먼저 전제를 파악하는 것부터 해야 한다. 모든 사람들이 인정하는 전제, 많은 이들의 상식 등을 의심해보고, 만약 그게 아니라면 어떤 것이 적절한지 생각해보는 프로세스가 소위 '인재의 창의력'이라고 생각할 수 있다. 이런 생각의 과정은 타고나는 경우도 있지만, 의식적으로도 얼마든지 가능하다.

아프리카 등지에선 상하수도 시설이 갖춰져 있지 않아 물을 확보하기 위해 하루하루
를 전쟁처럼 보내는 지
역이 많다. 식수를 얻을
수 있는 곳이 사는 곳에
서 수 킬로미터 떨어진
경우가 흔하기 때문에,
아이들은 학교에 가지
못하고, 몇 시간씩 걸어
서 물을 떠오기도 한다.

게다가 양동이에 담을 수 있는 양은 한정되고, 많이 담는다 하
더라도 물 자체의 무게 때문에 아이들이 감당할 수 있는 수준은
지극히 한정적일 수밖에 없다.

그런데 물은 물통에 담는 것이라는 전제를 깨고, 새로운
발상으로 이 문제를 해결한 사람이 바로 한스 핸드릭스라는 기
술자다. 이 사람이 개발한 것은 '큐드럼'이라는 물통이다. 가운
데 구멍이 뚫린 도넛 모양의 물통에 줄을 연결해 끌고 다닐 수
있도록 했는데, 그 모양이 알파벳의 Q와 비슷해 큐드럼이라는
이름이 붙여졌다. 아이의 힘으로도 충분히 굴릴 수 있는 이 물
통 하나에 50ℓ 정도의 물을 담는다고 하니, 아프리카 아이들에
게 시간과 희망을 선사한 기술이라고 하겠다.

사실 많은 발명과 발견들은 기존의 상식과 전제를 깬 결과물이다. 그래서 우리가 연습해야 하는 첫 번째 단계는 '기존에 우리가 가지고 있는 전제는 무엇인가'에 대한 인지다. 두 번째 단계는 '그것을 바꾸어보면 어떤 식으로 접근할 수 있을까'에 대한 대안이라고 할 수 있다.

Exdmple

다음의 전제를 생각하고, 그 전제를 파괴해서 얻을 수 있는 대안이 무엇인지 생각해보자.

예제 1 시시각각 달라지는 시력 때문에 안경이 필요한데, 개발도상국 국민들에게는 안경 가격이 부담스러울 수 있다.

전제 :
대안 :

예제 2 샌드위치 가게를 차리려고 하는데, 얻을 수 있는 매장은 7층뿐이다.

전제 :
대안 :

예제 3 여행업은 이직률도 잦고 신입도 많아 전문성을 확보하기 어렵다. 임원 같은 주인 의식 있는 직원 찾기가 힘들다.

전제 :
대안 :

예제 1.

전제 : 안경은 유리를 가공해서 만드는 것이기 때문에 시력이 달라지면 안경도 새로 사야 한다.

대안 : 어드스펙스^{Adspecs}라는 이름의, 두께가 달라지는 액체 안경이 개발되어 있다. 안경이라는 것이 유리를 가공해서 만드는 것이라는 전제를 깨고 변형 가능한 액체를 사용했다. 액체의 양을 조절해서 안경의 도수를 맞추는 기능을 만들어 넣은 것이다.

예제 2.

전제 : 샌드위치는 가게에 방문해서 직접 받아가야 하기 때문에 낮은 층에 위치해야 한다.

대안 : 호주에서 성공한 재플슈츠^{jafflechutes}라는 샌드위치 가게가 있다. 재플은 호주의 속어로 '낙하산'이라는 뜻이고, 여기에 '샌드위치'를 합성해 재플슈츠가 된 것이다. 샌드위치는 가게에 방문해서 직접 받는 것이라는 전제를 깨고, 고

객이 샌드위치의 메뉴와 제품을 받을 시간을 정하고 주문하면 7층에 위치한 가게에서 샌드위치를 낙하산으로 떨어뜨려 주는 시스템이다. 고객은 바닥에 X자가 표시된 곳에 서서 물건을 받으면 된다. 낙하산으로 내려 보내다가 건물이나 나무에 걸리면 다시 내려 보낸다고 하는데, 고객들은 하늘에서 떨어지는 자신의 샌드위치를 받는 것도 재미있어 한다고 한다.

예제 3.
전제 : 팀장, 임원은 어느 정도 경력이 있는 사람이 해야 한다.
대안 : 문화체육부의 우수기업으로 표창까지 받은 '여행박사'라는 여행사가 있다. 이 업체는 낮은 이직률로 업계에서 호평을 받고 있다. 여기에는 복지 제도가 잘 되어 있는 점도 한몫하지만, 직원들에게 주인의식을 심어주기 위해 직원 투표로 팀장이나 임원을 선출하는 점 때문이기도 하다. 팀장, 임원은 연차에 따라 어느 정도 경력이 있는 사람이 해야 한

다는 전제를 깨고 직원 투표로 임명하기 때문에 상하 관계가 엄격하지 않고, 그래서 자유로운 발상이 가능하다고 한다.

여섯 가지 색깔의 모자를 써라

수평적 사고는 창조적 발상법 중에 상당히 유명한 방법으로, 문제와 별다른 관련이 없는 혹은 아무런 관련이 없는 다양한 주제를 통해 아이디어를 떠올려보는 것이다. 이에 대해서는 '공통점 추출하기'라는 훈련이 가능하다고 이미 언급했다.

이제 조금 달리 생각해보자. 사실 수평적 사고는 갑작스레 떠오르는 아이디어에 가깝다. 아무런 관련이 없는 것들을 연결하다 보면, 효과적인 아이디어보다는 그저 재미있는 생각 몇 번 하는 것으로 그치게 될 가능성이 많다.

그러므로 수평적 사고의 범위를 한 가지 사건이나 상황에 대해 관점을 전환하는 것으로 좁혀보자. 그러나 관점을 전환하는 것은 일반인에게는 어려운 일이므로, 마치 미션을 수행하듯이 관점을 정하고 그 관점에 맞는 생각을 하려고 노력해보자.

이런 사고의 방법으로 가장 잘 알려진 것은 '수평적 사고'라는 말을 가장 먼저 사용한 에드워드 드 노브의 '여섯 색깔 모자 기법Six thinking hat'이다.

이것은 여섯 가지 색깔의 모자를 쓰고 그 모자가 지시하는 방향대로 사고를 하는 방법인데, 모자를 다른 색깔로 바꾸어 씀으로써 의도적으로 생각의 방향을 전환하게 만든다. 억지로라도 생각을 전환하는 방법이라, 평소 생각의 폭이 좁다고 생각했던 사람은 무척 유용하게 느껴질 것이다.

여섯 색깔 모자의 기능은 다음과 같다.

하얀색 모자 — 중립적이고 객관적인 사실

하얀색 모자를 쓰고 정보를 제시할 때는 더욱 중립적이고 객관성을 유지할 수 있도록 노력해야 한다.

초록색 모자 — 창의적·측면적 사고, 여러 가지 해결 방안

창의적인 아이디어를 내거나 대안을 찾아야 한다. 초록색 모자는 새로운 아이디어와 사물을 보는 새로운 시각과 관련이 있으며, 더 나은 것을 찾기 위해서는 기존의 아이디어에서 벗어나야 한다.

빨간색 모자 — 감정, 느낌, 육감과 직관

감정에 충실해야 한다. 정당화할 필요가 없고, 이유나 근거를 제시할 필요도 없다. 자신의 감정과 느낌에 충실하게 이야기하면 된다.

노란색 모자 — 낙관적·긍정적·건설적인 기회

긍정적인 희망을 가지고 현재의 상황을 앞서가도록 한다. 긍정적 판단에 대한 논리적 근거와 이유를 밝혀야 하며, 어떻게 달성될 수 있는지도 말해야 한다.

검은색 모자 — 부정적 판단, 어떤 것의 실패의 이유

부정적인 사고에 대하여 그 이유를 논리적으로 제시해야 한다. 부정적인 것에는 틀린 것, 부정확한 것, 오류인 것, 경험과 기존의 지식에 맞지 아니한 것, 위험, 모험 등이 포함된다.

파란색 모자 — 요약, 개관, 규율의 강조, 사고에 대한 사고

전체적인 통제를 상징하고, 초연함과 냉정함을 나타낸다. 사회자의 역할이기 때문에 다른 모자에 대해 통제할 수 있다. 문제를 정리하고, 토의의 초점을 설정하고, 요약하고, 결론까지 내리도록 유도한다. 사고를 전체적으로 고찰하고 요약하여 결론 내릴 책임을 지고 있다.

여섯 모자 기법은 관점 전환하기의 강제적 버전이라고 할 수 있다. 여러 명이 토론하다 보면 자신의 의견만 주장하게 되는데, 그럴 경우 강제적으로 다른 사람의 입장에서 생각해보면서 자신의 의견을 보완할 수 있고 전체 의견도 어느 정도 모아질 수 있다는 점에서 효과적이다.

혼자서 사고할 때도 이런 식으로 관점을 전환해보면 보다 풍성한 생각이 나올 수 있다. 물론 혼자서 긍정적으로 희망에 부풀었다가, 스스로 비판하고 급 침울해지는 등 약간 다중 인격 모드가 될 수 있다는 단점(?)도 있기는 하다.

하지만 여섯 가지 색깔 기법은 일반적으로 하얀색 → 초록색 → 빨간색 → 노란색 → 검정색 → 파란색 순서로 진행되는데, 이 순서는 곧 아이디어의 정리 순서도 되기 때문에 합리적인 방법이다.

하얀색	생각을 정리하기 위한 객관적 정보 나열.
초록색	창의적이고 새로운 생각들을 자유롭게 나열.
빨간색	감정적으로 아이디어에 접근.
노란색	긍정적인 요소들을 나열하고 실행 가능성에 대해 생각.
검정색	부정적인 요소들을 나열하고, 단점을 찍어서 비판.
파란색	이성적으로 정리하고 요약한 후, 결론을 내리는 단계.

만약 이런 여섯 가지의 입장이 과하다고 느껴지면 그냥, 지금 접근하는 관점 말고 다른 관점은 어떤 것이 있을까 한두 개만 더 생각해보려는 노력도 좋다. 사실 여섯 모자 기법은, 각 모자의 역할에 맞는 생각이 딱딱 떠오르면 괜찮겠지만 보통은 억지로 짜 맞추는 경우도 많아서 조금 자연스럽지 않은 경향도 있다.

또한 '다른 입장'이라는 것을 '다른 사람'이라고 생각해서 접근하는 방법도 가능하다. 가령 물건을 만들 때 생산자의 입장에서만 생각하지 말고 소비자의 입장에서도 생각하는 것이다. 누군가를 가르쳐야 한다면 선생의 입장에서만 생각하지 말고 배우는 입장에서 생각하도록 노력해보자. 의외로 배우는 사람이 필요한 것을 가르치는 것이 아니라 가르치기 편한 것을 가르치는 선생도 많다. 마찬가지로 소비자와 상관없이 생산자가 만들고 싶은 것을 만들어서 소비자에게 강요하는 경우도 많다.

하나의 현상을 우리의 시각뿐 아니라 외국인의 시각으로 바라보는 것도 좋다. 외국인이라는 의미는 한국적인 관습을 잘 모르는 사람이라는 말도 된다. 당연하게 받아들였던 관습이 사실은 합리적이지 않을 때, 그것을 과감하게 지적하는 일이 가능해진다.

위의 이야기를 정리해서 한 가지 제안하자면, 바로 '역할 사고'라는 것이다. '나'의 정체성에서 조금이라도 벗어난 다른 역할을 가정하고, 그 역할에 맞는 사고를 해보려고 노력하는 것이다. 이러한 역할 사고는 생각이 다양해지고, 그전에 못 봤던 것을 보게 되며, 자신이 갇혀 있던 전제도 깨뜨리는 효과가 있다.

Example

다음 문제에 대해 지정하는 방법으로 역할에 맞는 생각을 전개해보자.

예제 1 엄청나게 큰 3D 프린터를 만들겠다. (여섯 색깔 모자 기법)

하얀색	
초록색	

빨간색	
노란색	
검정색	
파란색	

예제 2 수능시험을 없애겠다. (각 당사자들의 입장에서)

학부모	
학생	
교사	
대학	
정부	
대학생	

예제 3 손에 이식하는 칩형 휴대전화를 만들겠다. (여섯 색깔 모자 기법)

하얀색	
초록색	
빨간색	
노란색	

205

검정색	
파란색	

이 문제 역시 정답은 없으며 이런 식으로 접근할 수 있다는 샘플 개념일 뿐이다. 예제 1은 여섯 색깔 모자 기법으로 접근해야 하므로, 각 색깔에 맞게 유형화 해보자.

하얀색	3D프린터가 어느 정도 크기까지 구현할 수 있는지에 대한 사실적 자료.
초록색	헬기라든가, 우주선을 만들겠다는 생각들의 나열.
빨간색	어디다 놓지, 폼 나겠는데, 뭔가 마음에 안 드는데 등 감정적 반응.
노란색	여러 가지 물건들을 만들어낼 수 있으므로, 마치 도깨비 방망이 같은 역할을 할 것.
검정색	경제성의 문제, 무기 같은 것도 손쉽게 만들 수 있다는 점.
파란색	경제적인 유효성을 생각해서 3D프린터의 크기를 정하는 것이 좋겠다.

예제 2는 각 당사자들의 입장에서, 예상되는 좋은 점과 문제점을

206

생각해보면 될 것이다.

학부모	그럼 무엇을 기준으로 대학생을 선발할 건지, 그 대안은?
학생	당장은 좋다. 하지만 한편으로는 새로운 입시가 생길 것 같아 불안하다.
교사	진학 지도의 지표가 사라진다. 교과를 넘는 초교과의 대학별 학습이 이루어질 것이다.
대학	대학 기준에 맞춰 학생들을 선발할 도구를 만들겠다.
정부	대학들이 각자 선발 도구를 들고 나오는 것을 어떤 식으로 통제할 것인가?
대학생	시험 다시 볼까?

예제 3은 여섯 색깔 모자 기법에 맞춰 생각해보자.

하얀색	기술적인 구현 가능성은? 소비자들의 거부감에 대한 설문 결과…….
초록색	손을 유리에 댔을 때 디스플레이가 펼쳐지게 하면 좋겠다. 결제도 할 수 있으면…….
빨간색	사람이 기계가 되는 것 같아 찜찜하긴 하다. 편하긴 엄청 편하겠는데…….

노란색	편의성에서 최고다. 안경도 처음엔 어색했겠지만 결국 적응하게 마련이다.
검정색	윤리적인 문제. 정보 보호에도 안 좋다. 시술을 해야 하므로 거부감이 있다.
파란색	아직은 시기상조지만, 간편한 시술법이 개발되면 가능성이 있다.

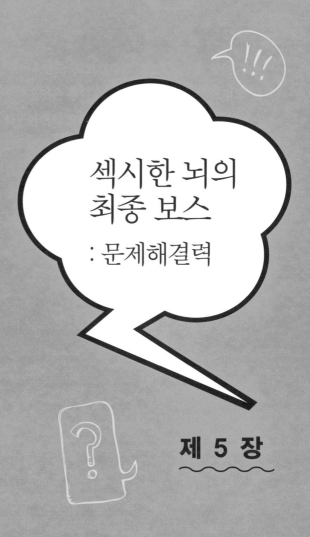

섹시한 뇌의
최종 보스

: 문제해결력

제 5 장

문제해결력,
네가 정녕
최종 보스란 말이냐?

CHAPTER 5

- -

문제해력 TEST

- -

1,000층짜리 건물을 짓는데, 이때 엘리베이터 층수 표시
버튼은 어떻게 만들 것인가?

문제 상황을 정확히 보자면 사실 두 가지로 갈린다. 첫 번째는 자
신이 가고자 하는 층을 눌러야 하는 버튼의 문제와 실제 엘리베

이터가 어떻게 움직이는지 보여주는 전광판의 문제다. 문제에서 '버튼'이라고 제시한 것을 보면 가고자 하는 층을 누르는 전자의 문제인 것 같은데, 이왕 하는 것 후자의 문제까지 생각해보자.

먼저 버튼에서 문제가 생긴 원인을 생각해보면,

첫째, 기존의 방식으로 하면, 표시할 공간이 부족하다는 문제점에 도달한다.

둘째, 건물이 1,000층이나 되면 엘리베이터 안에 상당히 많은 사람들이 탈 경우도 있을 텐데, 기존의 방식으로는 뒤쪽에 있는 사람이 제대로 버튼을 못 누를 수도 있다.

두 번째, 엘리베이터의 움직임을 보여주는 표시판의 문제점을 생각해보면,

첫째, 기존의 엘리베이터들은 디지털 방식인데 스피드가 엄청나기 때문에 숫자가 획획 지나가므로 잘 안 보일 수 있다.

둘째, 쌩쌩 지나가는 속도감 때문에 엘리베이터 안에서는 긴장감이 조성될 수도 있다.

그렇다면 해결책으로 제시할 것은 이런 문제의 원인들을 제거하

는 방법이 된다.

버튼 문제의 해결책을 원인별로 제시해보면 다음과 같다.

하나, 버튼을 디지털 방식으로 누르면 된다. 다음과 같은 방식의 익숙한 숫자키로 가고자 하는 층을 누르도록 하면 사람들도 무리 없이 쓸 수 있을 것이다.

7	8	9	-
4	5	6	+
1	2	3	e
0		del	n
			t
			e
			r

만약 나이 드신 분들이 이런 방식에 익숙하지 않다면 아날로그와 디지털의 결합도 괜찮다. 예를 들어 다음과 같이 표시판은 디지털로 만들어 놓고, 단위마다 아날로그로 누르게 하여 가고자 하는 층을 맞추게 하는 방식이다.

9	9	9	9
8	8	8	8
7	7	7	7
6	6	6	6
5	5	5	5
4	4	4	4
3	3	3	3
2	2	2	2
1	1	1	1
0	0	0	0

둘, 사람이 많아서 뒤의 사람이 내릴 층을 못 누를 것 같을 때는 음성인식 방법이 가장 합리적일 것이다. 지금도 엘리베이터를 탔을 때 사람이 많으면 앞의 사람한테 '22층 좀 눌러 주세요'라고 말하곤 하는 것처럼, 음성인식을 통해 자신이 갈 층을 선택할 수 있도록 하면 된다.

표시판 문제의 해결책을 원인별로 제시해보면 다음과 같다.

하나, 아날로그 식과 결합을 한다. 예를 들어 시계 형식으로 층수 표시를 만들어 시계가 돌아가는 식으로 보여줄 수 있다.

둘, 디지털로 표시하는 것과 동시에 전면에나 윗면에 엘리베이터의 위치를 보여주는 시각적 디스플레이를 활용해서 현재 위치를 알게 만들어준다. 시각적으로 멋진 효과도 있고, 자신의 위치를 아니까 어느 정도 안심이 될 것이다.

아니면 전면을 디스플레이로 만들어서, 실제로 올라가면서 보이는 장면을 화면으로 보여준다. 바깥으로 보이는 전경을 그럴 듯하게 만들어 바깥으로 시선을 유도하는 것이다.

실제적으로 벌어지는 일상적인 일들을 해결해가는 능력인 문제해결력은 기발함만을 요구하지는 않는다. 문제해결력의 기초는 기발함이나 창의력에 초점이 있는 것이 아니기 때문이다. 정확한 문제 상황 이해, 그리고 문제의 원인 분석과 그에 맞는 원인 제거 방법 등의 프로세스가 문제해결력을 높인다.

문제해결력만 있으면 만사 OK!

천재와 인재 중에서 인간 사회에 '실용적인' 능력을 발휘하는 것은 아무래도 인재 쪽이다. 인간 사회에서 실용적인 능력이라는 것은 곧 사회적인 성공과도 연결될 수 있는데, 사회적인 성공의 핵심 조건이 바로 '문제해결력'이다.

그런데 보통 문제해결력을 '문제가 생겼을 때 그것을 해결하는 능력'이라고만 한정적으로 생각하기 쉬운데, 사실 그것보다 범위가 큰 능력이다. 예를 들어 한 기업이 새로운 사업을 시도하게 될 때는 그것을 문제로 '상정'하고, 바람직한 솔루션을 찾기 위해 진출하는 여러 가지 기획을 다 검토하기 때문에 이러한 과정 역시 문제해결력의 범주 안에 들어가는 것이다. 대학생이 취업을 하나의 문제로 상정하고, 이것을 해결하기 위해 필요한 것들을 조사한 뒤 그것들을 실제로 실천하는 것도 문제해결력이 발휘되는 하나의 예라고 하겠다.

즉, 문제해결력은 단순히 문제를 해결하는 것뿐만 아니라

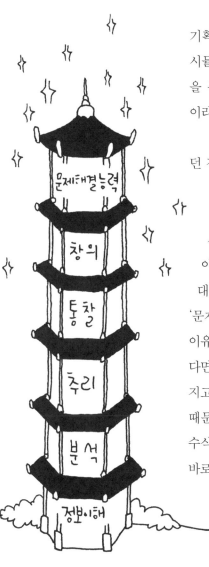

기획을 하고, 계획을 세우고, 시뮬레이션 하는 등의 일들을 통틀어서 가리키는 능력이라고 할 수 있다.

앞서 우리가 살펴보았던 정보 이해, 분석, 추리, 통찰과 창의가 종합적으로 구현되는 종합 선물 세트가 바로 문제해결력이다. 미래 사회의 인재에 대한 키워드를 이야기할 때 '문제해결력'이 빠지지 않는 이유는, 이 조건을 만족시킨다면 다른 요소들은 이미 가지고 있다고 판단할 수 있기 때문이다. '최종 보스'라는 수식어가 아깝지 않은 것이 바로 문제해결력인 것이다.

끼아아…

어떤 문제가 생길 것인가

우리가 문제를 풀어나가는 사고의 과정은 보통 아래와 같다.

〈문제해결력 흐름도〉

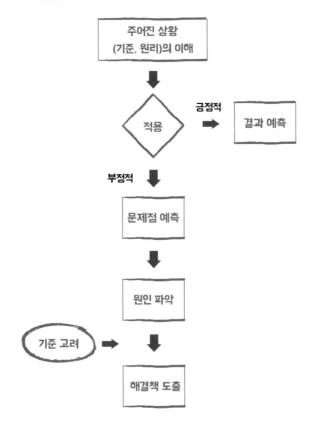

표에서 알 수 있듯이, 문제해결은 문제에 대한 정확한 인지로부터 시작된다. 문제가 외부에서 주어지는 경우도 있겠고, 스스로 진단한 뒤에 문제점을 산출하는 경우도 있을 것이다.

그런데 문제해결력을 문제가 발생한 뒤에 그것을 수습하는 정도의 능력으로 한정 짓지 않고 문제가 생기기 전에 그것을 예측해서 예방하는 것으로까지 확대한다면, 조금 더 확장된 프로세스가 필요하다.

조금 더 큰 범주에서 접근하면, 주어진 상황이나 사건에 대한 이해가 먼저고 그 상황이나 사건이 야기할 결과를 예측하는 것이 다음에 할 일이다. 이때 예측되는 결과가 긍정적인 것이면 효과나 성과에 대한 예측이 가능한데, 적용 과정에서 부정적인 결과가 도출되면 그것이 문제점에 대한 예측이 된다.

문제점이 도출되기까지의 단계, 즉 문제 해결의 전단계는 '시뮬레이션' 단계다. 가령 새로운 형태의 지하철 개표기를 도입하려고 할 때, '일단 도입한 다음에 문제가 생기면 다시 바꾼다'는 식으로 일을 처리하지는 않는다. 비용과 노력이 낭비되기 때문이다. 대신 새로운 개표 시스템이 어떤 식으로 작용할지, 그래서 장점은 무엇이고 어떤 식의 문제가 생길지를 예측하고 여러 단계의 검증을 거쳐서 교체 여부를 결정한다. 이것이 바로 시뮬레이션이다.

이때 필요한 핵심 능력은 기본적인 정보 수집 능력과 새로운 개표 시스템이 어떤 식으로 작용할까를 예측하는 추리력이다.

다른 나라의 예가 있다 하더라도 우리나라에 적용한 것이 아니기 때문에, 반드시 똑같지는 않다. 따라서 새로운 시스템을 적용한 상황을 가정하여 '우리나라의 특성상 이런 식으로 될 것'이라는 식으로 추리하는 것이 시뮬레이션의 가장 핵심적인 능력이다.

이처럼 문제 해결 전단계인 시뮬레이션 단계에서의 핵심은 문제점을 짚어내는 정확한 추리 능력이기 때문에, 추리 능력이 인재의 일차적인 조건이 되는 것이다.

왜 이런 문제가 생긴 것인가

문제점이 도출되었으면 해결 방법을 찾아야 한다. 그러나 직관적으로 '이렇게 해볼까, 저렇게 해볼까?' 하는 식의 고민은 의미가 없다. 문제점 해결의 핵심은 문제에 대한 대안 제시라기보다는 문제를 일으킨 원인에 대한 정확한 분석이다. 이 분석만 정확하다면 문제의 원인을 제거하는 방법이 바로 해결책이 되기 때문이다.

크로아티아에서 국제대서양참치보존위원회ICCAT 특별회의가 열린 적이 있다. 이 회의에서, 환경운동을 하는 세계야생동물기금 WWF은 참치의 남획 문제를 공식적으로 부각시켰다. 전 세계적으로 초밥 수요가 늘어나면서 지중해의 참치가 고갈될 위험에

220

처했기 때문이었다. WWF는 '특히 전 세계 참치 소비의 90% 정도가 일본에서 이루어지는데, 일본의 현재 연간 참치 어획 쿼터가 3만 2천 톤으로 제한돼 있긴 하지만 어선들이 이를 무시해 한 해 동안 4만~5만 톤을 잡았기 때문에 씨가 마르고 있다'며 올해 회의에서 쿼터를 크게 줄이는 것이 목표라고 했다.

취지는 좋지만, 문제 상황에 대해 환경운동가들이 제시한 해결책은 한번 생각해볼 필요가 있다. 문제 상황은 참치가 멸종 위기에 처했다는 것이다. 지향해야 하는 결과는 명백하다. 참치의 보존이다. 따라서 해결책은 어떻게 하면 참치를 보존할 수 있을 것인가에 초점을 맞춰야 한다.

그런데 환경운동가들은 '쿼터를 크게 줄이는 것'을 해결책으로 제시했다. 하지만 문제의 원인이 무엇인지 따져보면 '잡을 수 있는 쿼터가 많아서'가 아니다. 원래 3만 2천 톤이지만, 그것을 무시하고 4만~5만 톤을 잡았기 때문에 문제가 생긴 것이다. 그러므로 쿼터를 줄인다고 해도 여전히 어선들이 쿼터를 무시하고 잡는다면 문제가 해결되지 않는다.

그러므로 환경운동가들은 '쿼터를 줄이는 것'이 아닌 '쿼터를 정확히 지키도록 만드는 것'을 목표로 삼아야 한다. 감시 활동을 강화한다든가 일본 정부에 협조를 구해 일본 정부의 검사를 강화하는 등, 쿼터의 정확한 규제를 해결책으로 삼아야 할 것이다.

이 상황에서 문제를 야기하는 원인은 '어선들이 룰을 무시'하는 것이지, '한정 어획량이 많아서'가 아니었다. 원인을 정확하게 인지했으면 해결책이 엇나가지는 않았을 것이다.

결국 문제해결을 위해 중요한 것은 문제를 일으킨 원인에 대한 정확한 분석이다. 원인을 정확히 짚어낸다면 그 원인을 없애는 여러 가지 방안이 바로 문제 해결책이 되기 때문이다.

합리적 해결책은 무엇인가

문제, 즉 원인을 찾아냈다면 그 원인을 제거하는 방안을 내놓는 것이 대안 제시다. '대안'이라고 해서 거창한 것은 아니며 반드시 기발할 필요도 없다. 물론 기존의 방법으로는 한계가 있었기 때문에 문제점으로 부각된 것이니 기존의 방법과는 다른 창의적인 원인 제거 방법이 필요하다. 그러나 평범하고 일반적인 방법으로도 원인 제거가 가능하다면 그렇게 하는 것이 합리적이다. 따라서 원인 제거 방법, 즉 문제 해결 대안은 창의적이라거나 논리적이어야 한다기보다는, 원인 제거에 충실하고 실현 가능성이 있느냐 하는 우선되어야 한다.

원인 제거 방법을 기존의 틀 안에서 제시하면 합리적인 해결책이 되고, 기존의 틀에서 살짝 벗어나는 것을 제시하면 창의적인 해결책이 된다. 합리적인 해결책은 원인을 정확하게만 찾아내면 저절로 뒤따르는 방법이기 때문에 접근이 비교적 쉽다. 반면 기존의 틀을 살짝 깨는 창의적인 해결책을 제시하려면 훈련이 필요하다. 그래서 우리가 앞서 했던 창의력에 대한 여러 가지 고찰과 훈련이 필요한 것이다.

미국 오레곤 주의 조지 폭스 대학교는 100년이 넘는 역사를 가진 작은 사립 대학이다. 그런데 2000년대 초반에 발생한 지진으로 대학의 첫 번째 건물이자 상징과도 같은 우드-마^{Wood-Mar}홀 건물에 심각한 균열이 생겨버렸다.

그러자 총장을 비롯한 학교 관계자들은 건물을 새로 짓고 주장했고, 학교 졸업생들과 학생들은 반대 입장을 나타냈다. 학교의 대표 건물을 살리려는 학생들의 입장도 강경했지만, 안전에 대한 문제인지라 학교 측의 입장 또한 강경했다.

양측 의견을 놓고 고심하던 건축가는 우드-마홀을 그대로 두고 옆에 붙여서 건물을 새로 짓는 안을 제시했다. 신축 건물이 우드-마홀을 두 면에서 에워싸는 형태인데, 옆에서 보면 두 건물이 나란히 있는 것처럼 보였다. 그렇지만 결과적으로는 신축 건물이 우드—마홀을 지지하는 역할을 해서 우드-마홀의 옛 모습을 고스란히 유지하면서도 안전성 또한 확보할 수 있는 안이었다.

제기된 안전 건물의 안전성 문제에 대한 합리적인 해결책은 건물을 신축하는 것이다. 이것은 지진 때문에 균열이 생긴 건물이 불안해지면서 제기된 안전 문제를 해결하는 일반적인 대안이다. 그런데 건물로 다른 건물을 지지한다는 전제를 깨는 창의적인 생각으로 옛 건물을 유지하면서 안전성에 대한 문제도 해결할 수 있었다. 이런 것이 바로 창의적인 해결책이다.

그래서 우리는 창의적인 생각을 위해 먼저 전제를 생각하고, 그 전제를 살짝 비트는 관점 전환에 대해 생각해본 것이다.

스마트함의 종합선물세트

지금까지 문제해결력의 구조에 대해서 살펴보았는데, 이를 통해 지금까지 우리가 생각하고 익혔던 스마트한 사고력의 종합판이 바로 문제해결력이라는 것을 알 수 있을 것이다. 그리고 문제해결력이 단순히 문제만 해결하는 한정된 기술이 아니라 어떤 상황에 대해 결과를 예측하는 데서부터 시작하는 것이며, 기획력까지 포함하는 종합적인 개념이라는 것을 알 수 있다.

그래서 미래 사회 인재의 조건으로 주로 거론되는 것이 바로 '문제해결력'이다. 지금까지 우리가 이 책을 통해 알아보고 익혀왔던 정보파악력, 추리력, 통찰력, 창의력 등이 바로 이 문제해결력을 이루는 핵심 능력들인 것을 알 수 있었다.

문제해결력의 프로세스에 우리가 익혔던 정보파악력, 추리력, 통찰력, 창의력 등을 적용하면 다음과 같이 분류할 수 있다.

<문제해결력 흐름도>

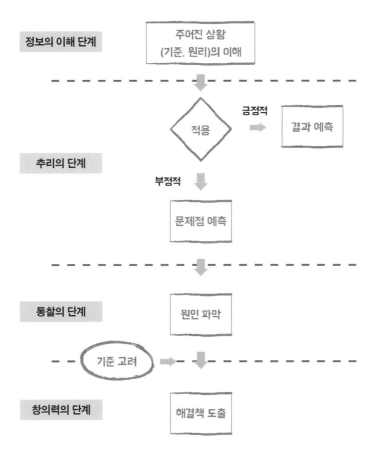

스마트한 생각, 섹시한 사고 능력은 결국 인재에게 요구하는 능력이고, 인재는 사회의 여러 가지 문제들을 해결하고 리드해가는 사람이라는 것을 생각하면, 문제해결력의 프로세스야말로 뇌섹남의 선결 조건이며 사회 엘리트의 필수조건이 된다.

Example

다음 주어진 문제에 대해 해결책을 생각해보자.

·예제 1 식당에 가서 밥을 먹으려고 하는데 지갑을 집에 두고 온 것을 알았다. 어떻게 하겠는가?

·예제 2 우리 사회의 학벌주의가 문제되고 있다. 실력보다는 학력이 중시되는 학벌주의가 기업에서 일으킬 수 있는 문제점은 무엇인가? 그에 대한 해결책은 어떤 것이 있을까?

예제 1은 밥은 먹어야겠는데 돈이 없는 것이 문제다. 다행히 밥을 먹기 전이라, 선택의 여지가 있다. 돈을 실시간으로 내지 않아도 된다면, 즉 회사 앞 밥집이라 외상이 가능하다면 밥부터 먹는 것이 좋겠다. 물론 먹기 전에 주인에게 사정을 이야기해서 가능성 여부를 타진해야 할 것이다. 만약 안면이 없고 외상이 불가능하다면, 담보로 제공할 물건을 보여주면서 가능하냐고 물어봐야 할 것이다.

예제 2는 학벌주의의 문제점은 우선 실력과 상관없는 등용이나 인사 같은 것에서 볼 수 있다. 따라서 같은 학교는 어느 정도 선까지만 등용시키는 쿼터제를 강제적인 해법으로 생각할 수 있다. 또한 상사가 부하직원의 인사에 관여할 때, 동문인 부하직원의 인사에는 의견을 내지 못하게 하는 방법 등으로 원천적인 차단을 할 수도 있다. 그러나 무엇보다도 가장 근본적인 원인은 대학서열화이기 때문에, 대학서열화를 타파하기 위한 사회적 노력은 지속되어야 할 것이다.

제1부, 제2부의 설명을 바탕으로, 제3부에서는 '섹시한 뇌'를 만드는 실전 문제를 풀어 본다. 정보이해력, 분석력, 추리력, 통찰력, 창의력, 문제해결력을 키우는 각각의 문제들을 어떻게 접근해서 풀어갈 것인지, 문제 해결의 포인트를 짚어주기 때문에 결국 '물고기를 주는' 식의 트레이닝이 아니라 '낚시를 가르치는' 식의 트레이닝이라고 말할 수 있다. 문제를 풀어보며 한층 섹시해진 자신의 뇌와 만나보길 바란다.

제3부

섹시한
뇌를 위한 훈련

정보이해력 : 정확한 정보 판단을 위한 능력

Q. 서울 시내에 있는 중화요리 집은 총 몇 개나 될까?

 이런 종류의 문제를 '페르미 추정 문제'라고 한다. 노벨상 수상자
이자 원자력의 아버지라 불리는 엔리코 페르미가 그의 제자들을
가르칠 때 썼던 사고 훈련이 바로 페르미 추정Fermi Question이다.
정확한 수치를 계산해내기보다 가정을 통해 어림값을 얻는 방법을 연습시키는
것이다. 특히 비즈니스 분야에 있어서 이런 연습은 매우 유용하다. 기획 초기
단계는 시장이 형성되기 전이라서, 자료는 불충분하고 수익성은 불투명하다.

이때는 시장에 대한 정확한 분석이나 신사업의 실현가능성에 대한 정밀한 검증이 아닌, 대략적이고 기준이 될 만한 큰 수치들을 어림으로 잡아내는 능력이 필요하다.

　페르미 추정 문제는 결과의 정확성을 체크하는 것이 아니라, 사고의 과정을 연습시키는 문제라고 보면 된다. 그리고 계산 과정에서 필요한 것은 수치가 아닌 정보인데, 관찰력과는 달리 정확한 정보보다는 대강의 추정 정보를 상정하는 연습이 필요하다. 단, 이때의 추정 정보는 막연한 짐작이 아니라 어느 정도 합리적인 선에서의 가정이어야 한다.

A. 중국집 하나를 유지할 만한 매출을 한 달에 1,000만 원 정도라고 가정한다. 1,000만 원은 짜장면, 짬뽕, 볶음밥 등의 5,000원짜리 메뉴를 2,000개 정도 팔아야 하는 금액이다. 바꿔 말하면, 2,000여 명의 손님이 필요하다. 한편 탕수육이나 팔보채 같은 것들도 팔리기 때문에, 1인당 단가를 6,000원 정도로 계산하면 1,600~1,700여 명의 손님이 필요하다고 가정할 수 있다. 중국집 하나를 유지하기 위해 대략 한 달에 1,700여 명 정도는 손님이 있어야 하는 것이다.

　한 달에 한 번은 중국음식을 먹는다고 가정하면 한 달에 필요한 손님은 1,700여 명이고 서울시 인구는 대략 1,200만 명 정도니, 7,000여 개 정도의 중국집이 필요하다는 결론이 나온다. 하지만 서울시 인구 중에는 중국요리를 먹지 못하는 갓난아기도 포함되어 있고, 중국음식을 싫어하는 사람도 있을 테니, 계산한 중국집의 80% 정도만 필요하다고 가정하면 5,600여 개 정도의 중국집이 있다는 결론이다.

Q. 한 남자가 여자에게 "세 따님의 나이가 몇 살인가요?" 하고 물었다. 여자는 "곱하면 36이고, 더하면 당신의 집 주소"라고 했고, 남자는 설명이 부족해서 잘 모르겠다고 답했다. 그러자 여자는 제일 큰아이는 피아노를 친다고 덧붙였다. 그러자 남자는 세 딸들의 나이를 다 알아챌 수 있었다.

 표면적으로 주어진 정보는 세 수를 곱하면 36이라는 것이다. 그리고 사실 숨겨진 정보가 하나 있는데, '더하기를 하면 집 주소라 했는데, 남자가 이를 몰랐다는 것'이다. 그리고 여기에 '제일 큰 아이가 있다'라는 정보를 더 주게 되면 답을 맞힌다는 것은, 제일 큰 아이가 있다는 정보가 결정적인 작용을 한다는 의미다. 결국 이 문제는 주어진 정보를 정확하게 활용할 수 있는 정보파악력이 바탕이 되어야 하는 문제며, 정보에 대한 여러 가지 경우의 수를 상정함으로써 결론을 좁혀나가는 정보이해력에 대한 문제가 된다.

A. 세 수를 곱해서 36이 나오는 경우를 찾아 그 세 수를 더해보

면 다음과 같다.

$$(1, 1, 36) = 38 \qquad (1, 2, 18) = 21 \qquad (1, 3, 12) = 16$$
$$(1, 4, 9) = 14 \qquad (1, 6, 6) = 13 \qquad (2, 2, 9) = 13$$

'세 수를 더하면 남자의 집 주소'라고 했는데 모르겠다고 대답했다면, 위의 일곱 가지 경우 중 두 번 나온 13이 집 주소라는 말이다. 자신의 집 주소인 13이 나오는 경우가 두 가지이므로 둘 중 어느 쪽이 세 딸의 나이인지를 알아맞힐 수가 없었던 것이다. 여기에 큰 아이가 하나 존재한다는 정보를 합쳐서 답을 알아챌 수 있었으므로, 큰 숫자가 하나뿐인 2, 2, 9살이 답이 된다.

Q. 산악사고에 의해 여덟 명의 중상자가 생겼다. 그 여덟 명은 미혼의 유명한 벤처기업 CEO, 실력 있는 외과의사, 장애인을 돌보는 젊은 장애학교 교사, 평생 모든 돈으로 아내와 함께 보육원을 건립한 나이 많은 할아버지, 촉망 받는 천재 피아니스트, 가정의 생계를 책임지고 있는 어린 네 자녀의 어머니, 출감한 지 얼마 안 되는 남자, 자선 사업에 열심인 목사다. 이 중 세 명만 구할 수 있다면 당신은 어떤 사람을 구하겠는가? 그리고 그 이유는?

선택형 문제들은 사실 합리적이든 창의적이든 답이 없다. 다만 무엇을 선택하느냐에 따라 그 사람의 성향을 어느 정도 알 수 있다. 따라서 이 문제는 문제해결력이나 아이큐를 테스트하기 위한 문제라기보다는 인성을 테스트하기 위해 많이 쓰인다.

특히 이러한 극단적인 상황에서 사람을 선택하는 문제는 의대 면접에서 자주 쓰이는 질문이다. 미국의 의대는 인성을 특히 중요시하기 때문에, MMI^{Multi Mini Interview} 면접 방식을 통해 인재를 선발한다. MMI는 여러 개의 방에 각기 다른 상황을 준비하고, 지원자들이 그 방을 다 돌아다니며 주어진 상황에 맞게 대답을 하는 면접이다.

지원자의 선택이 각각 의미를 가지며, 선택 3개를 모아서 분석해보면 그 사람의 성향이 어느 정도 나온다는 의미에서 사람의 성격을 잘 드러내는 테스트라고 할 수 있다.

구할 사람	일반적인 이유	의미
미혼의 유명한 벤처기업 CEO	기업에 근무하는 직원과 협력사들을 생각하면 CEO이기 때문에 살려야 한다. 또 하나는 유명하기 때문에, 이 사건의 피해자들이 사회적 관심을 끌어 봉사나 기부도 받을 수 있다.	경제적인 면에 많은 판단의 기준을 두는 사람이면서, 확고한 현실감을 가진 사람일 가능성이 많다.

실력 있는 외과 의사	외과의사로서 다른 사람을 위해 기여할 만한 일이 많으므로 살려야 한다.	사람을 판단할 때 실용성이 기준이 되므로, 효율을 따지고 목표 지향적인 사람일 것이다.
장애인을 돌보는 젊은 장애학교 교사	'젊다'는 게 명시된 유일한 사람이라, 창창한 앞날을 생각해서 살려야 한다. 또 장애인들을 돌보니까 이 사람을 살림으로써 직접적인 혜택을 받을 사람들이 많이 늘어나게 된다.	실질적인 필요성과 젊음, 그리고 인정에 대한 부분까지 다른 캐릭터들이 극단의 선택이라면 가장 중간의 선택인 캐릭터라, 이 사람을 선택한 사람은 중용이나 조정, 협의 같은 부분에 관심을 둘 것이다.
평생 모은 돈으로 아내와 함께 보육원을 건립한 나이 많은 할아버지	다른 사람을 위해 산 삶이라면 어느 정도 보상을 받아야 한다. 그리고 연세가 많으시니까 무조건 구하고 보겠다.	유용성으로 보자면 가장 떨어지는 선택이지만, 감성적으로 보자면 1순위의 선택이다. 남에 대한 공감 능력과 배려심이 있을 가능성이 많다.
촉망받는 천재 피아니스트	천재 피아니스트는 앞으로 사회에서 이룰 것이 많기 때문에 살려야 한다.	사실 가장 선택을 덜 하는 것이 바로 이 캐릭터인데, 모 아니면 도인 감이 있다. 이 캐릭터를 선택하는 사람은 가능성과 확률에 희망을 거는 사람이어서, 잠재력을 믿고 전진하는 것은 좋지만 잘못하면 뜬구름 잡는 이상으로 흐를 가능성이 있다.

가정의 생계를 책임지고 있는 어린 네 자녀의 어머니	어린 네 자녀의 앞날을 생각해서라도 살려야 한다. 어린이들에게 엄마를 빼앗는다면 이는 그들의 미래를 빼앗는 것이나 같다.	다른 사람들도 가정이 있을 가능성이 높다는 점을 생각하면 '네 자녀의 어머니'는 은유적인 설정으로, '자신의 엄마', '자신의 어린이'를 지킨다는 상징성이 있다.
출감한 지 얼마 안 되는 남자	죄를 뉘우치고 새로운 삶을 살아볼 기회를 줘야 한다.	두 번째로 선택이 덜 되는 캐릭터인데, 순전한 용서와 관용의 정신이 아니고서는 다른 캐릭터들을 제치고 선택되기 쉽지 않아서다. 이 캐릭터를 선택한 사람은 순수하고 정직하지만, 그만큼 순진할 가능성도 있다.
자선 사업에 열심인 목사	미래를 생각하면, 자선 사업을 열심히 하는 목사라면 앞으로도 더욱 많은 사람을 도와줄 수 있기 때문에 살릴 것이다.	사실 외과 의사나 장애학교 교사 등이 남을 돕는 데 더 효율적이고 직접적일 수 있다. 하지만 이때 목사를 택한 사람은 남을 돕는 일에 정신적인 부분도 중요하게 보는 것이다. 그러니까 조금 더 관계지향적이다.

A. 사실 각 캐릭터마다 하나씩 이유를 댔지만 보통은 세 개의 선택을 보고 조합해서 생각을 하기 때문에 이렇게 단선적이지는

않다. 그리고 이 캐릭터에 대한 의미는 대표적인 것이지 절대적인 것은 아니므로 하나의 참고일 뿐, 판단의 지표는 아니다.

분석력 : 문제점의 원인을 분석하는 능력

Q. 아래의 식에서 알파벳은 서로 다른 0부터 9까지의 값을 가지고 있다. 다음이 성립할 때 SIXTY는 어떤 숫자가 될까?

```
    F O R T Y
        T E N
+       T E N
  ─────────────
    S I X T Y
```

 이런 문제를 복면산이라고 하는데, 숫자들이 복면을 쓰고 정체를 감췄다는 의미다. 서양에서는 상당히 유서 깊은 문제로, 말로 쓰면 복잡하고 어려워 보이지만 막상 더하기의 특성을 생각하며 풀이하거나 해설을 하면 글보다는 쉽다.

보통 복면산 문제에는 1과 0이 반드시 들어간다. 두 문자를 더했는데 그 합이 두 문자 중 하나와 같아지면 나머지 문자는 0이 된다. 또 두 문자를 더했을 때 10보다 커지면 윗자리로 1이 올라가는데, 이러한 덧셈의 특성을 활용하여 어떤 문자가 1과 0인지 빨리 찾고 나머지 문자를 대입하는 것이 문제 풀이의 요령이다.

A. 먼저 일의 자리를 보자. $Y+N+N=Y$이므로, N은 0 또는 5임을 알 수 있다. 그리고 십의 자리 또한 $T+E+E=T$이므로 E도 0 또는 5이다. $N=5$라고 가정했을 때, 십의 자리로 1이 올라가서 모순이 생기므로 $N=0$이고, $E=5$다.

만의 자리를 보면 F가 S로 변했기 때문에 천의 자리에서 자리올림 했음을 알 수 있다. 백의 자리 세 수를 합쳤을 때 천의 자리로 자리올림 될 수 있는 수는 1 또는 2이고, O는 8 또는 9다. 그런데 $N=0$이므로 I가 0이 될 수 없다. 따라서 $I=1$이고 $O=9$다.

이때 $R+T+T+1$는 21보다 커야 하므로(2만큼 자리올림을 하고 X는 0과 1이 아니므로), $T>6$이다. 그리고 $F+1=S$이므로 최종적으로 연속하는 두 수가 남아 있어야 한다는 사실을 염두에 둔다. 만약 $T=7$이라고 가정해보면 가능한 R값은 8이고, $X=3$이며 따라서 F, S가 가질 수 있는 값은 2, 4, 6이다.

$T=8$, $R=6$이라고 가정해보면 $X=3$이며 따라서 F, S가 가질 수 있는 값은 2, 4, 7이다.

T=8, R=7이라고 가정해보면 X=4이며 따라서 F, S가 가질 수 있는 값은 2, 3, 6이다.

이러한 결과를 종합해볼 때, 연속하는 두 수인 2, 3이 남는 경우는 T=8, R=7일 때 X=4가 되며 이에 따라 F=2, S=3이다.

```
    2 9 7 8 6
        8 5 0
  +     8 5 0
  ─────────────
    3 1 4 8 6
```


Q. 슈퍼맨, 배트맨, 원더우먼, 아쿠아맨 4명이 40장의 카드를 10장씩 나눠 가졌다. 40장의 카드에는 10개의 꽝이 있고, 멤버들은 모두 이것을 알고 있다. 단, 서로가 어떤 카드를 가지고 있는지는 모른다. 다음 대화를 보고 아쿠아맨은 몇 개의 꽝을 가지고 있는지 맞혀라.

슈퍼맨 : 난 적어도 한 개는 꽝이야.

아쿠아맨 : 나도 그래.

원더우먼 : 나도.

배트맨 : 나도 그런데, 그래도 슈퍼맨 네가 나보다 꽝이 많

을 것 같아. 그렇지?

슈퍼맨 : 글쎄, 모르겠는데. 원더우먼이 나보다 많을 것 같은데?

원더우먼 : 나도 잘 몰라.

아쿠아맨 : 난 너희들 모두 꽝이 몇 개씩인지 알 것 같아.

 대화를 보고 가능한 경우를 가정하면서 정보를 나열하는 풀이가 필요하다. 서로 비슷한 내용의 대화를 하는데, 유독 배트맨과 슈퍼맨의 문답이 다르다. 이 부분에서 경우의 수가 튀어나올 수 있다는 것을 눈치 챘는가?

A. 정답부터 말하자면 4개다.

우선 대화의 내용에서 4명은 적어도 꽝을 1개 이상 가지고 있다는 것을 알 수 있다. 그리고 배트맨이 '슈퍼맨이 나보다 꽝이 많을 것 같다'고 말했다는 것은, 자신이 가진 꽝이 1개뿐이라는 뜻이다. 즉, 자기가 가진 꽝의 개수가 가장 적다는 것을 알고 있는 것이다. 그리고 이 질문에 슈퍼맨이 모른다고 대답했기 때문에 슈퍼맨은 꽝이 2개, 3개, 4개 중 하나다. 1개라면 배트맨의 질문에 아니라고 대답했어야 하며(1개가 가장 적은 꽝의 개수이므로), 5개 이상이라면 이보다 더 많은 꽝을 가진 다른 사람이 있을 수 없으므로 '그렇다'라고 대답할 수 있기 때문이다.

다음으로 원더우먼도 '모르겠다'고 했기 때문에 앞의 경우와 마찬가지로 원더우먼은 꽝이 3개 또는 4개가 된다. 그리고 앞의 대화만으로 아쿠아맨이 모두의 개수를 알 수 있으려면 꽝이 4개여야 한다. 만약 아쿠아맨이 가진 꽝의 개수가 3개 이하라면 다른 멤버가 가진 꽝의 수는 여러 가지 경우의 수가 나오기 때문에 아쿠아맨은 각 멤버가 가진 꽝의 숫자를 알 수 없다. 따라서 꽝을 가진 개수는 배트맨 1개, 슈퍼맨 2개, 원더우먼 3개, 아쿠아맨 4개다.

Q. 다음 글에서 밑줄 친 ㉠, ㉡, ㉢ 각각에 맞는 말을 〈보기〉에서 고르면?

어느 고장에서는 해마다 장기 자랑 대회가 열린다. 사전에 대회 주최 측에서는 '우승자가 한 가지 진술을 해서 그 진술이 참이면 고급 승용차 또는 오토바이 가운데 한 대를 주고, 거짓이면 자전거 한 대를 주겠다'는 조건을 내걸었다. 이를테면 우승자가 "4는 짝수다"라고 말하면 주최 측은 승용차와 오토바이 가운데 아무것이나 하나만 주면 되니까 그냥 오토바이를 주어도 그만이었다. 그래서 3년 전까지만 해도 우승자들은 고작 오토바이만 받아갔을 뿐이었다. 하지만 재작년 장기 자랑 대회에서는 꼭 고급 승용차를 받고 싶었던 한나가 ____㉠____ 라고 말하여 고급 승용차를 받아 갔다. 한나는 작년 장기 자랑 대회에서 우승을 했다.

이번에는 상품이 약간 바뀌었다. 우승자가 참인 진술을 하면 고급 승용차 또는 오토바이를 주는 것은 그대로였지만 거짓 진술을 하면 자전거 또는 인라인스케이트 가운데 하나를 준다는 조건이었다. 한나는 이번에는 인라인스케이트를 갖고 싶었다. 그래서 ____㉡____ 라고 말하고서 인라인스케이트를 받아 갔다.

금년에도 한나는 장기 자랑 대회에 참가하여 대망의 3연패를 이룩했다. 상품과 조건은 작년과 동일했다. 한나는 이번에는 상품에 전혀 관심이 없었다. 그래서 그저 상품을 주겠다는 주최 측이 약속을 어길 수밖에 없도록 ____㉢____ 라고 말함으로써 주최 측을 낭패에 빠뜨렸다.

〈보 기〉

ㄱ. "나는 자전거를 받을 것이다."

ㄴ. "나는 상품을 받지 못할 것이다."

ㄷ. "나는 오토바이를 받지 못할 것이다."

ㄹ. "나는 고급 승용차 또는 자전거 가운데 하나를 받을 것이다."

242

ㅁ. "나는 자전거 또는 인라인스케이트 가운데 하나를 받을 것이다."

ㅂ. "나는 고급 승용차나 인라인스케이트를 받지 못할 것이다."

㉠ (   ), ㉡ (   ), ㉢ (   )

"우승자가 한 가지 진술을 해서 그 진술이 참이면 고급 승용차 또는 오토바이 가운데 한 대를 주고, 거짓이면 자전거 한 대를 주겠다"는 조건에서 꼭 자동차를 받아야 한다. 이런 문제의 경우 그냥 생각하는 것도 좋지만 보기가 주어진 만큼 주어진 보기를 이 진술 다음에 배치해서 실제로 성립하는지 안 하는지 보는 것이 가장 빠르고 정확한 해결 방법이다.

A. 정답은 ㉠ (ㄷ 또는 ㄹ), ㉡ (ㄱ), ㉢ (ㅁ)이다.

㉠의 경우, ㄷ인 "나는 오토바이를 받지 못할 것이다"라고 했을 때, 자전거를 주면 참이 된다. 그런데 자전거는 거짓을 말했을 때 주기로 한 것이므로 자전거를 줄 수 없다. 그렇다고 오토바이를 주면 하나가 거짓을 말한 것이 되므로 이 선택도 불가능하다. 결국 자동차를 줄 수밖에 없다.

그리고 ㄹ인 "나는 고급 승용차 또는 자전거 가운데 하나를

243

받을 것이다"라고 말했는데 오토바이를 주어 이 말을 거짓으로 만들면 하나의 진술과 모순이 되어 버린다. 거짓일 때는 자전거를 주어야 하기 때문이다. 그렇다고 자전거를 주게 되면 이 진술이 참이 되기 때문에 거짓을 말해야 주는 자전거를 내줄 수 없다. 결국 이 진술은 자동차를 주어야만 참으로 성립된다. 따라서 ㄷ과 ㄹ, 둘 다 성립된다.

두 번째 진술에서 조건은 "우승자가 한 가지 진술을 해서 그 진술이 참이면 고급 승용차 또는 오토바이 가운데 한 대를 주고, 거짓이면 인라인스케이트를 주겠다"로 바뀐다. 역시 이곳에 들어갈 후보 진술은 ㄱ과 ㅂ이다. 그런데 ㄱ을 넣으면 이 진술은 거짓이 된다. 상품 자체에 이미 자전거가 없기 때문이다. 그래서 인라인스케이트를 받을 수 있다.

세 번째 진술에서 조건은 "우승자가 한 가지 진술을 해서 그 진술이 참이면 고급 승용차 또는 오토바이 가운데 한 대를 주고, 거짓이면 인라인스케이트를 주겠다"이다. 이 진술을 항상 모순에 빠뜨리는 진술을 찾아야 한다. 후보는 ㄴ과 ㅁ이다. 상품을 주면 ㄴ은 거짓이 된다. 그러면 인라인스케이트를 주면 된다. 그러므로 주최 측을 모순에 빠뜨릴 수 없다.

그런데 ㅁ인 "나는 자전거 또는 인라인스케이트 가운데 하나를 받을 것이다"를 넣었을 경우, 만약 차나 오토바이를 주게 되면 이 말은 거짓이 되어 인라인스케이트를 받아야 한다. 그러면 이 진술은 참이다. 모순이 발생하는 것이다. 인라인스케이트를 받으려면 이 진술이 거짓이어야 하는데, 인라인스케이트를 받는 순간 진술은 참이 되어 버린다. 자전거는 항상 거짓이 되는데, 거짓 상품으로 받는 것이 인라인스케이트니 이 진술도 참이 되어 모순이 생긴다. 결국 주최 측은 이러지도 저러지도 못하게 되는 것이다.

추리력 : 사회가 원하는 인재로서 깆춰야 할 능력

Q. 다음과 같은 규칙대로 숫자가 변한다. 그렇다면 6920은 어떻게 변하는지 대답하고, 변화의 규칙을 설명하라.

1652 = 7173   9174 = 0813

8282 = 0000   2917 = 1089

9928 = 8107   6920 = ?

귀납추리 능력은 사건들 사이의 숨겨진 규칙을 찾아내는 것이
다. 연쇄 살인 사건의 패턴을 찾아내거나, 잘 나가는 커피숍의
공통점을 찾아내거나, 공부 잘하는 친구들의 공부 방법을 찾아
내는 것이 모두 귀납추리 능력을 활용하는 예가 될 것이다.

A. 숫자로 주어지는 귀납추리 중 쉽게 생각할 수 있는 규칙은
사칙연산이다. 처음 주어지는 4자리 숫자에서 천의 자리와 백의
자리를 더한 숫자가 두 번째 숫자의 첫 자리를 차지한다. 백의 자
리와 십의 자리를 더하면 두 번째 숫자의 두 번째 자리가 되는데,
10이 넘으면 십의 자리를 떼어 버리고 일의 자리만 쓰게 된다.

1652에서 1과 6을 합하면 7이 되고, 6과 5를 합하면 11이
되는데, 이때 십의 자리인 1을 떼고 일의 자리만 남겨서 1을 만
든다. 5와 2를 합하면 7, 맨 마지막의 2와 다시 제일 첫 자리인 1
을 합하면 3, 이렇게 해서 두 번째 숫자의 마지막 3을 만든다.

6920의 경우 6과 9=5, 9와 2=1, 2와 0=2, 0과 6=6이
되므로, 두 번째로 생성되는 숫자는 5160이 된다.

Q. 다음 □에 들어갈 숫자를 구하면?

7490 = 2   8809 = 6   7111 = 0

246

2456 = 1	4155 = 0	8924 = 3
5562 = 1	1001 = 2	0980 = 5
3648 = 3	6629 = 3	
7689 = ☐		

합이나 차로 이루어진 일반적인 수의 변화 원리 찾기 문제와 달리, 접근 방식을 아예 달리해야 하는 문제들도 있다.

예를 들어 주차장 문제라는 것이 있는데, 차로 가려진 곳의 번호는 몇 번인가 하는 문제다.

이 문제는 거꾸로 보면 숫자가 91, 90, 89, 88, ☐, 86으로 되어 있어, 87이라는 숫자가 들어간다는 것을 바로 알 수 있다.

여기서 중요한 것은 보통의 숫자에 숨겨진 원리를 찾는 것은 사칙연산을 기본으로 연산이라는 규칙이 들어가는 것이 일종의 큰 전제인데, 이 문제 같은 경우 그런 전제에서 완전히 벗어나는 '거꾸로 보기'라는 원리를 찾아가고 있다는 것이다. 그러니까 이런 문제들을 풀기 위해서는 기본적인 전제 자체를 깨야 한다.

숨겨진 원리 찾기 문제들은 그런 면에서 기본적으로는 귀납추리 능력을 물어보지만, 한편으로는 전제를 깨는 전제 파괴의 능력을 물어보고 있다고 할 수 있다.

A. 숫자에 존재하는 0의 개수를 세는 것이다. 7689는 6에 1개, 8에 2개, 9에 1개 있어서 합하면 총 4개가 된다.

Q. 다음과 같이 도형들이 배치되어 있다. 이때 ?에 들어갈 모양은?

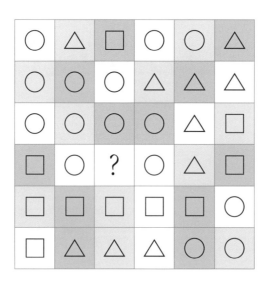

도형이 나열되는 원리를 구하는 문제다. 수를 가지고 사칙연산 이나 여러 가지 원리들을 토대로 배치하듯이 도형을 하나의 원리 안에 배치한 뒤 그 안에 숨겨진 원리를 찾아내는 문제다. 귀납추리 능력을 묻고 있는 전형적인 문제라고 할 수 있다.

A. 시계방향으로 바깥쪽에서 안쪽을 향해 말려 들어가면서, □ ▨가 반복된다. 그리고 ○, △, □가 처음에는 1개씩, 그 다음에는 2개씩, 그 다음에는 3개씩 배치되는 구조다.

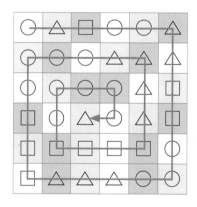

그러므로 순서상 들어올 것은 △가 된다.

Q. 한님, 한나, 한이는 날씨가 너무 더워 아이스크림을 사먹으

려고 한다. 아이스크림 가게에는 초콜릿, 파인애플, 딸기, 바닐라, 망고 5가지 맛이 있었는데 종류에 상관없이 무조건 3번을 덜어서 담을 수 있는 크기의 컵을 주문했다. 그리고 각자 다음과 같은 방법에 따라 아이스크림을 선택했다.

- 세 명 중에 초콜릿이 한 번이라도 선택됐다면, 전체적으로 딸기가 선택된 횟수는 초콜릿이 선택된 횟수보다 많다.
- 한 명이 망고만 한 번 혹은 그 이상 담았다면, 그 사람은 딸기는 먹지 않는다.
- 한 명이 바닐라만 한 번 혹은 그 이상 선택했다면, 그 사람은 파인애플은 먹지 않는다.
- 한나는 한이가 선택한 아이스크림의 종류보다 더 많은 종류를 선택해서 담았다.
- 한나는 적어도 한 번 이상 바닐라를 담았다.

만약 한이가 파인애플과 망고를 한 번씩 담았다면, 세 명이서 컵에 담을 수 있는 바닐라는 최대한 몇 번까지인가?

주어진 조건을 조합해서 새로운 결론을 찾아내는 연역추리 능력을 파악하는 문제다. 문제에 따라, 전모를 파악해야 하는 것이 있고 부분만 파악해도 되는 것이 있다. 이 경우 바닐라를 몇 번

담았는가가 문제기 때문에, 바닐라의 유무에 집중해서 문제를 풀어가야 한다. 그러니까 '한이는 무엇을 담고, 한나는 무엇을 담고······' 하는 식으로 다 파악하려 하지 말고, 한이가 바닐라를 담았는지, 한나가 바닐라를 담았는지를 화두로 삼고 풀어가야 한다.

A. 네 번째 조건 때문에 한이는 한나가 선택한 아이스크림의 종류보다 더 적은 개수를 선택해야 한다. 그러므로 최대 두 개까지만 선택할 수 있다. 세 개가 되면 한나보다 더 적을 수가 없기 때문이다. 문제에서 한이는 이미 두 가지 종류를 선택했으므로 나머지 한 번은 파인애플이나 망고 중에서 담아야 한다. 따라서 한이는 바닐라를 먹을 수 없다.

두 번째 조건 때문에 망고를 선택한 사람은 딸기를 선택할 수 없다. 망고나 딸기 둘 중에 하나만을 선택해야 한다. 마찬가지로 세 번째 조건 때문에 바닐라를 선택한 사람도 파인애플을 먹을 수 없다. 따라서 바닐라나 파인애플 중 하나만을 선택해야 한다. 한나는 바닐라를 선택했으므로 파인애플을 먹을 수 없다. 그리고 한이보다는 많은 종류의 아이스크림을 선택해야 하므로 세 가지 종류의 아이스크림을 선택해야 한다. 망고나 딸기 중에 하나를 선택해야 하고 남은 한 종류는 초콜릿이 돼야 한다.

첫 번째 조건 때문에 한나가 초콜릿을 한 번 선택했으므로 조건에 따라 딸기는 전체 가운데 최소한 두 번은 선택되어야 한다. 만약 한님이가 딸기를 두 번 다 선택하는 경우 한님이는 바닐라를 한 번만 덜어서 담을 수 있으므로 바닐라가 최대로 선택되는 경우가 될 수 없다. 한나가 딸기를 한 번 덜어서 담고, 한님이가 딸기를 한 번 덜어서 담은 다음, 한님이가 남은 두 번 모두 바닐라를 선택하는 경우가 바닐라가 최대한 많이 선택되는 경우다. 따라서 바닐라는 한나가 한 번, 한님이가 두 번 선택하여 최대 세 번 선택될 수 있다.

Q. 가족처럼 끈끈한 관계로 운영하는 작은 출판사가 런던에 있다. 여기에서 Mr. 보스톡, Mr. 우드, Mr. 케니, Mrs. 크라우트, Miss 알렉스, Miss 어윈이 일하고 있다. 이들이 맡고 있는 직책은 이름의 나열 순서와 상관없이 사장, 부사장, 재무, 편집 책임자, 북 디자이너, 유통 담당자다. 다음의 내용에 따라 각 사람들의 직책을 알아맞혀라.

ㄱ 부사장은 사장의 손자다.
ㄴ 재무는 편집 책임자의 사위다.
ㄷ 보스톡은 총각이다.
ㄹ 우드는 22세다.
ㅁ 알렉스는 북 디자이너와 이복자매다.

ⓑ 케니는 사장의 친구다.

ⓢ 20세 이전에 결혼한 사람은 없다.

 주어진 정보를 합해서 새로운 정보를 창출하는 추리. 그중에서도 연역 추리 능력을 물어보는 가장 전형적인 문제. 사실 이 문제는 추리의 정수를 보여주는 것으로 매우 유명하다.

A. 부사장은 사장의 손자. 사장은 나이가 있는 인물로 결혼을 한 사람이다. 따라서 Miss들은 모두 제외된다. 또한 결혼하지 않은 보스톡도 아니고, 22세 밖에 안 된 우드도 아니다. 20세 이전에 결혼한 사람은 없으니까 우드는 손자를 가질 수 없다. 사장은 케니의 친구기 때문에 케니도 아니다. 결국 사장은 Mrs. 크라우트가 된다.

	사장	부사장	재무	편집	디자이너	유통
Mr 보스톡	×					
Mr 우드	×					
Mr 케니	×					
Mrs 크라우트	○	×	×	×	×	×
Miss 알렉스	×					
Miss 어윈	×					

재무는 편집 책임자의 사위. 결혼 안 했다는 조건 때문에 보스톡, 알렉스, 어윈이 모두 제외되고, 22 밖에 안 된 우드가 딸을 가질 수는 없으니, 편집책임자는 케니가 된다.

	사장	부사장	재무	편집	디자이너	유통
Mr 보스톡	×			×		
Mr 우드	×			×		
Mr 케니	×	×	×	○	×	×
Mrs 크라우트	○	×	×	×	×	×
Miss 알렉스	×			×		
Miss 어윈	×			×		

알렉스는 북 디자이너와 이복자매. 그리고 알렉스는 여자이므로 책임 편집자의 '사위'인 재무가 될 수 없고, 사장의 '손자'인 부사장도 될 수 없다. 알렉스는 북 디자이너가 아니므로 알렉스는 유통이고, 어윈이 북 디자이너가 된다.

	사장	부사장	재무	편집	디자이너	유통
Mr 보스톡	×			×	×	×

Mr 우드	×			×	×	×
Mr 케니	×	×	×	○	×	×
Mrs 크라우트	○	×	×	×	×	×
Miss 알렉스	×	×	×	×	×	○
Miss 어윈	×	×	×	×	○	×

　　마지막으로 재무는 편집책임자의 사위인데 보스톡은 총각이므로 결국 다음과 같이 배치된다.

	사장	부사장	재무	편집	디자이너	유통
Mr 보스톡	×	○	×	×	×	×
Mr 우드	×	×	○	×	×	×
Mr 케니	×	×	×	○	×	×
Mrs 크라우트	○	×	×	×	×	×
Miss 알렉스	×	×	×	×	×	○
Miss 어윈	×	×	×	×	○	×

Q. A, B, C, D에 들어갈 알맞은 도형을 고르면?

D	A	
C		B

① A – ⇒ / B – ◀ / C – ◀ / D – ◆
② A – ⇈ / B – ⇒ / C – ◀ / D – ◆
③ A – ⬇ / B – ◀ / C – ◗ / D – ◆
④ A – ⇈ / B – ⇒ / C – ◀ / D – ◆
⑤ A – ⇈ / B – ◈ / C – ◀ / D – ◓

256

아홉 번째 도형 찾기는 멘사 문제 및 중국 공무원 선발 시험에도 나오는 아주 보편적인 문제다. 이 문제는 숨겨진 원리 찾기 문제로, 귀납 추리 능력을 테스트하는 것이다. 문제 속에는 다양한 규칙들이 있는데, 대표적인 것으로는 열이나 행에 맞춰서 도형이 회전하는 유형, 두 개를 합해서 하나의 형태가 나오는 식으로 짝지어진 유형, 전체적으로 도형의 숫자나 밸런스를 맞추는 유형들이다.

A. 정답은 ②다.

위 도형의 규칙은 열별로 나타난다.

⇈ 모양은 제일 윗칸 세 위치에서 다양하게 움직이고 있다. 그러므로 세 번째 열에서는 아직 ⇈ 모양이 나오지 않은 A 위치에 우선 나와야 한다.

⬅ 모양은 열별로 보았을 때 세로축으로 한 칸씩에서 겹치며 움직인다. 그러니까 세 번째 열에서 다른 화살표와 겹치려면 C의 위치에 와야 한다.

⇒ 모양은 세로 칸을 하나씩 써서 다양하게 움직인다. 세 번째 열에서는 아직 ⇒ 모양이 나타나지 않은 곳이 B가 속한 세로축이다.

◆모양은 세 군데 중에 두 군데에 나타나고, 아직 채워지지 않은 D의 위치에 오면 된다.

통찰력 : 정보 이해와 그에 따른 추리 능력

Q. 구구단 8단의 특징을 말하라.

단 한 번도 구구단 8단의 특징 따위에 대해서 생각해본 사람은 없겠지만, 조금만 생각하면 이 문제의 답은 정해져 있다. 전부 짝수로 구성되어 있다든가, 마지막 일의 자리 숫자가 일정하다든가 하는 식으로 말이다. 그러므로 통찰력을 보여주기 위해서는 그렇게 뻔한 숫자의 규칙 말고 다른 규칙을 찾든가, 의미를 부여해야 한다. 따라서 8단을 늘어놓고 분석적인 눈으로 패턴을 찾아볼 필요가 있다.

A. 1. 일의 자리수가 8, 6, 4, 2, 0으로 반복된다.
2. 8단은 일의 자리 숫자를 제외하고 앞의 숫자가 1씩 증가하고 있다. 이는 8에 곱해주는 수의 -1의 법칙을 지닌다. 단, 5의 배수를 곱해주는 경우는 예외가 된다.

8×1 = 08	8×2 = 16	8×3 = 24
8×4 = 32	8×5 = 40	8×6 = 48
8×7 = 56	8×8 = 64	8×9 = 72

$$8 \times 10 = 80$$

일의 자리를 제외하고 앞의 숫자들은 순차적으로 세 개까지 반복되다가 네 번째는 두 번 반복된다. 예를 들어 1, 2, 3, 4, 4, 5, 6, 7, 8, 8, 9, 10, 11, 12, 12 ……가 되는 것이다.

$Q.$ 숭례문과 에펠탑의 공통점과 차이점을 세 가지 말하라.

 공통점이나 차이점은 분석적인 사고의 대표적인 결과물이다. 사물이나 사건을 분석하면 자연히 분류를 하게 되는데, 이를 위해서는 기준이 설정되어야 한다. 분류의 기준을 만드는 것이 곧 차이점과 공통점에 대한 인지기 때문이다. 분석적인 사고는 곧 통찰력으로 귀결되므로, 이 문제는 통찰력에 대한 문제가 된다.

공통점과 차이점을 이야기할 때는 자신의 지식, 생각, 성향들이 모두 드러나게 되는데, 특히 중요한 것은 다르게 보는 시각이다. 아무래도 아무나 가질 수 있는 시각보다는, 아무도 가질 수 없는 시각을 선호하기 때문이다.

A. 일반적인 공통점

• 숭례문과 에펠탑은 먼저 그 나라 사람들이 사랑하는 구조물이다.
• 두 건물 다 수도에 위치하고 있다.

- 대표적인 도시의 랜드마크다.

조금은 다른 시각의 공통점

- 가까운 곳에 지하철역이 있다.
- 그 도시의 택시 기사들에게 이야기하면 위치를 다 안다.
- 둘 다 '조명빨'이 좋다.

일반적인 차이점

- 목조건물과 철재건물
- 화재 유무
- 에펠탑이 더 높다.

조금은 다른 시각의 차이점

- 에펠탑은 엘리베이터가 있지만, 숭례문은 계단만 있다.
- 에펠탑은 돈을 내면 올라갈 수 있지만, 숭례문은 아예 못 올라
  간다.
- 숭례문은 낮에 주로 관광하는 경향이 있고, 에펠탑은 밤에 야
  경을 보기 위해 관광하는 경향이 있다.

Q. 미래에 새로 생길 직업 다섯 가지와 없어질 직업 다섯 가

260

지를 말하라.

통찰력에 있어서 미래에 대한 예측은 상당히 중요한 요소이자 핵심이다. 미래 예측은 결국 인과에 대한 이해와 설정이라고 생각할 수 있다. 중요한 것은 그냥 '느낌적인 느낌'으로 미래를 예측하는 것이 아니라, 정확한 인과를 바탕으로 예측해야 한다는 것이다. 그리고 이 인과가 얼마나 공감을 얻느냐에 따라 통찰력을 인정받게 되는 것이다.

또한 미래에 대한 예측에 독창적인 추론이 들어가면 흔히 말하는 창의력도 인정받을 수 있다. 이 문제에 정답은 없지만, 독특하면서도 공감을 얻을 수 있는 대답이 가장 좋은 대답이라고 할 수 있다.

A. 새로 생길 직업

- (일하는 로봇이 많이 생길 것이므로) 로봇 용역 파견 매니저
- (외로움과 인간관계 단절의 심화 현상으로 인해, 우정을 사야 할 수도 있으므로) 친구
- (일상의 효율성을 위해, 또 자신의 행동에 책임을 지지 못하는 사람이 늘어나므로) 행동관리사
- (새로 생기는 신기술에 적응하지 못하는 사람들을 위해, 기계나 IT기술 등을 사용할 수 있게 지도해주는) 기계/기술 작동 지도사
- (점점 각박해지는 기계화된 사회에서 감성에 대한 훈련과 필요가 더 늘어날 것이므로) 감수성 관리사

없어질 직업

- (무인자동차의 상용화로 인해) 대리기사
- (구글 안경 같은 형태의 통역기가 보급됨에 따라) 동시통역사
- (무인자동차의 자동 운영 시스템에 따라 급감하는 교통사고로 인해)
  자동차보험 FC
- (드론의 보급에 따라) 택배기사
- (책을 안 읽고, 또 자동화에 따라) 도서관 사서

Q. 로미오는 충동적인가?

 일단은 《로미오와 줄리엣》을 읽었는지 물어보는 문제다. 유명세
에 비해 안 읽은 사람이 의외로 많다.

인문학적인 기본 지식을 가지고 있다면 사실 로미오를 충동적이
아니라고 할 사람은 없을 것이다. 그 이유는 첫 만남에 사랑에 빠져, 만난 지 일
주일도 안 돼서 자살로까지 이어지는 로미오의 행동들 때문이다.

그런데 이 대답의 이유는 상당히 상식적이라서 재미가 없다. 그래서 답이
뻔한 이 질문에 조금 다르게 대응하기 위해서는 일부러라도 '로미오는 충동적이
지 않다'라고 대답할 필요가 있다. 만약 이러한 답변의 이유를 설득력 있게 댈
수 있다면 그것이 바로 인과를 설정하는 능력이 있음을 의미한다. 그리고 곧 이
능력은 다른 방향의 시각을 가지는 통찰력으로 연결될 수 있다.

A. '로미오는 충동적이지 않다'가 되기 위해서는 그 이유를 잘 설정할 필요가 있다. 로미오가 충동적으로 보이는 행동을 한 것은 결국 '사랑' 때문이었다. 하지만 사랑은 원래 그렇게 한순간 움직이는 것이 아닌가? 사랑을 계획적이고 합리적으로 한다면 그건 사랑이라는 말과 어울리지 않는다. 단 한 번 보고 전생에도 만난 것 같은 느낌을 가지는 것이 사랑의 속성이라고 할 수 있는데, 사랑을 따라간 로미오를 무조건 충동적이라고 비판한다면 사랑에 빠진 모든 남녀들은 무모한 사람들이 되고 만다. 따라서 로미오는 충동적이라기보다는 그냥 사랑에 빠진 것뿐이다.

창의력 : 유연한 사고, 관점 전환 능력

Q. 밀폐된 방이 있다. 방안에는 하나의 전구가 있고, 그 방 밖에 스위치가 3개 있다. 이 중 한 스위치만이 전구를 밝힐 수 있다. 문제는 어떤 스위치인지를 모른다는 것이다. 방 밖의 스위치는 몇 번이고 켜고 끌 수 있지만, 스위치를 작동하는 곳에서는 방안의 상태를 볼 수 없다. 방 안에는 단 한 번 들어갔다 올 수 있다. 그리고 방 안이나 방 밖의 어떤 물건도 훼손하거나 이동할 수

없다. 어떤 스위치가 전구를 작동시키는 것인가를 찾으려면 어떻게 해야 할까?

스위치를 켜면 전구를 밝힐 수 있다는 것을 강조하며 전제를 제한하는 함정이 있는 문제다. 이 문제는 전구가 켜지면 빛과 열이 같이 발생한다는 점만 생각해내면 쉽게 풀 수 있다. 그러나 '전구와 빛'이라는 문제의 틀에서 빠져 나오기가 쉽지 않기 때문에 함정에 갇히게 된다. 따라서 이 문제는 주어진 전제의 틀을 얼마나 자유롭게 넘나들며 창의적으로 생각할 수 있는가, 즉 전제 파괴에 의한 창의력을 측정하는 문제라고 할 수 있다. 참고로 이 문제는 마이크로소프트에서 신입사원을 뽑을 때 나왔던 면접 문제다.

A. 일단 스위치에 1, 2, 3번을 붙여서 구분한다. 그리고 1번 스위치를 켰다가 2~3분이 지난 다음에 1번 스위치를 끄고, 2번 스위치를 켜고 바로 방에 들어간다.

• 전구가 빛나고 있으면 2번 스위치가 정답
• 전구가 빛나진 않지만 만져봤을 때 뜨거우면 1번 스위치가 정답
• 전구도 빛나지 않고 만져봤을 때 뜨겁지도 않으면 3번 스위치가 정답

$\mathbb{Q}$. 다음 □에 들어갈 숫자와 그 이유는?

$16 + 9 = 1$

$8 + 6 = 2$

$14 + 13 = 3$

$10 + 10 = 8$

그렇다면 $7 + 7 =$ □

 수의 규칙은 원리 파악 문제에서 주로 나온다. 그러나 이 문제는 전제 파괴의 문제로 놓는 것이 조금 더 어울릴 것 같다. 그만큼 주어진 수의 규칙이 사칙연산 같은 일반적인 규칙과는 거리가 멀다. 답 자체는 단순하지만, 생각을 확장해야 규칙이 보이는 문제라고 할 수 있다. 생각의 확장, 관점의 확장은 곧 창의적인 발상법과 관계가 있다.

$\mathbb{A}$. 대답 자체는 매우 단순하다. 이 문제는 시계 문제다. 그래서 13(시) = 1(시), 14(시) = 2(시), 15(시) = 3(시)이 되는 식이다. 7 + 7은 14이고 14시는 2시니까 답은 2가 된다.

$\mathbb{Q}$. 4분과 7분짜리 모래시계로 9분을 재는 방법은 무엇인가?

4분과 7분짜리 모래시계를 가지고 빼고 곱하고 나누고 해봤자, 9라는 숫자를 얻기는 힘들다. 그래서 모래시계는 모래가 다 빠져나가면 다시 뒤집어서 시간을 잰다는 전제를 깨고, 모래가 다 떨어지기 전에 모래를 뒤집는다는 식의 전제 파괴를 해야 한다. 그런 의미에서, 창의적이면서도 수리적인 상황을 해결하는 논리성을 갖추어야 풀 수 있는 문제다.

이런 식의 문제들은 '창의 수학'이라고 하여, 예전 특목고에서 자주 나오던 형식의 문제들이다. 지금도 영재 교육을 하는 기관들에서는 자주 사용된다.

A. 먼저 4분과 7분짜리 모래시계를 모두 뒤집는다. 4분이 지나면 4분짜리를 뒤집는다. 7분이 지나면 7분짜리 시계를 뒤집는다. 8분이 지나면 4분짜리 모래시계를 다시 뒤집을 때가 되는데, 7분짜리에서는 1분만큼의 모래가 떨어진 상태다. 즉, 이때 4분짜리가 아니라 7분짜리를 다시 뒤집으면 1분이 남아 있게 되는 것이다. 이 1분이 지나면 결국 전체 9분이 흐른 셈이다.

Q. 귀가 안 들리는 사람을 위한 자명종 시계를 구상해보라.

관점 전환을 물어보는 것치고는 쉬운 문제다. 관점 전환이 필요하다는 게 분명하기 때문이다. 안 들리는 사람을 위한 자명종은 청각이 아닌 다른 감각을 활용한 자명종을 말한다. 그러니까 '자

266

명종'이라는 단어에 신경 쓰지 말고, 때가 되면 시간을 알려주는 기능적 측면을 강조하는, '시계'라는 단어에 집중해야 한다.

A. 자명종과 연결된 부드러운 실 같은 것을 손에 감고 자면 아침에 전류 자극을 통해 잠을 깨우는 방법이 있을 수 있다. 처음에 약하게 전류를 내보내다가 일어날 때까지 전류의 세기를 높이는 것이다. 같은 맥락에서 진동을 느낄 수 있는 선을 이어 붙여 잠을 깨우는 방법을 택할 수도 있다.

아니면 자명종이라는 미션에 맞게 소리를 이용하는데, 보통의 자명종이 고음을 이용하는 것이라면 청각장애자들을 위한 자명종 시계는 중저음을 이용한다. 저음을 냈다가 끊었다가 하면 진폭이 크게 변화하면서 강력한 진동이 발생한다. 이 진동을 알람으로 연결하면 된다.

또 자명종 시계가 반드시 시계 형태여야 한다는 전제를 파괴해보면, 얼마든지 자명종 시계의 기능을 하는 장치가 가능하다. 가령 '자명종 스마트 안대'와 같은 식으로 말이다. 안대를 하고 자면 정해 놓은 시간에 안대에서 빛이 나오는 것이다. 혹은 스마트 베개를 생각할 수도 있다. 시간을 맞춰 놓으면 베개가 머리와 목 부분을 안마하는 것이다. 스마트 베개는 자명종 기능을 할 뿐만 아니라 건강에도 좋다.

Q. 놀이공원 안의 레스토랑은 주말과 주중의 이용객 차이가 많다. 주말에는 손님들이 줄을 길게 늘어서서 기다리기 때문에 크기를 확장해야 할 필요가 있지만, 주중에는 텅텅 비기 때문에 괜히 크게 만들어 고정비용을 늘릴 필요가 전혀 없는 상태다. 하지만 주말에 오랫동안 기다리는 손님들의 항의가 점점 거세지는 상황이어서 무언가 조치를 취하지 않으면 안 된다. 어떤 해결책이 있을까?

문제해결력에서 중요한 것은 문제에 대한 원인 분석이다. 그런데 이 문제에서는 '객장 크기의 구조적 제한'이라는 원인이 분명하게 제시되어 있다. 게다가 '괜히 크게 만들어 고정비용을 늘릴 필요가 전혀 없다'고 하면서 구조물의 확장이라는 가장 간단한 해결책을 원천봉쇄하고 있다. 그러므로 문제 해결을 위해서는 다른 원인을 더 찾아낼 수 있는가 먼저 생각해볼 필요가 있다.

또 한편으로는 원인 자체는 극명하게 드러나 있으므로 새로운 원인을 찾아서 문제를 해결하기보다는 현재의 원인을 어떻게 창의적으로 해결할 것인가를 고민하는 것이 나을 수도 있다.

이때 명심할 것은 이 문제의 핵심 목표다. '비용을 더 들이지 않는 한도 내에서 손님들의 불만을 최소화하고 매출을 극대화 한다'는 제한 조건을 염두에 둬야 한다.

첫째, 추가 비용 금지
둘째, 고객 항의 최소화(약간의 항의는 감수할 수도 있음)
셋째, 매출 극대화

A. 먼저 생각해볼 것은 보통의 사람들이라면 어떤 대답을 할까 하는 점이다. 그래야 이런 대답을 배재하면서 창의적인 대답을 할 수 있기 때문이다. 이 문제에 대한 가장 일반적인 대답은 아마 '가변매장 설치'일 것이다.

어차피 사람들은 놀이공원의 레스토랑 의자와 테이블이 대리석으로 만들어져 있기를 바라지는 않는다. 앉아 쉬면서 뭔가를 먹을 수 있으면 되기 때문에, 편의점 앞에서 많이 있는 파라솔과 간이 플라스틱 의자로 앞마당이나 매장 옆쪽에 앉을 수 있는 공간을 만들면 된다.

물론 이런 방법이 나쁜 건 아니다. 그리고 실제로 이 방법을 가장 많이 쓰는 것도 사실이다. 하지만 질문한 사람이 무언가 창의적인 답변을 원하고 있다면 이 방법이 아닌 다른 방법을 제시해야 한다. 그러기 위해서는 먼저 자신이 문제를 해결하면서 가졌던 전제 자체를 흔들어 볼 필요가 있다.

먼저 손님들을 테이블에 앉도록 하고 어떻게든 객장에 수용해야 한다는 전제를 버리자.

놀이공원은 특성상 벤치도 많고 길거리에 앉는다고 해도 딱히 이상하게 바라보지 않는다. 그러므로 꼭 테이블이 없어도 된다. 테이블을 이용하지 않는 테이크아웃 손님들에게는 할인을 해준다든가 아니면 서비스 음료를 주는 방식으로 불만을 누그러뜨릴 수 있다. 오히려 조금 싸다 싶으면 일부러라도 의자에 앉지 않고 밖에서 먹는 사람이 생길 것이다.

두 번째로, 줄을 어떻게든 줄여야 한다는 전제를 뒤집어 본다.

줄 서서 기다리는 손님들에게 약간의 간식거리를 계속 제공하는 것이다. 유명한 빵집 앞에 줄을 서서 기다리다 보면 손님들에게 시식용 빵을 한 조각씩 나누어 주는데, 줄 서 있으면 계속 새로운 빵을 맛볼 수 있는 재미에 손님들은 오히려 줄이 좀 오래 갔으면 하는 바람을 갖기도 한다. 이와 마찬가지로, 줄 서는 것 자체가 즐거울 수 있도록 사람들에게 시식 서비스를 제공한다면 불만은 금세 잦아들 것이다.

세 번째, 주중에는 객장이 비어 있다는 전제를 없앨 방법을

270

생각해본다.

주중에는 놀이공원에 오는 사람 수가 적으니 당연히 레스토랑이 비게 된다. 그렇다면 놀이공원 자체의 흥행여부와 관계없이 레스토랑 자체적으로 마케팅 하는 방법을 생각해본다. 사실 주중의 놀이공원은 주차도 편하고 한가한 편이어서 데이트하기에 안성맞춤이다. 그러므로 데이트를 하려는 연인들을 대상으로 '식사를 하면 놀이공원 무료입장권을 준다'는 식의 마케팅은 어떨까? 놀이공원 입장에서 보면 공원을 오가는 손님들이 많다고 해서 손해볼 것은 없다. 오히려 공짜로 들어온 손님이 놀이기구를 타면 이익이 될 수 있으니, 공원을 텅 비도록 그냥 두기보다는 '스파게티 하나만 먹어도 입장권 공짜' 같은 이벤트를 통해 평일에도 손님을 유치하는 게 누이 좋고 매부 좋은 방법이 된다.

Q. 우리 도 내에 돌봄이 필요한 독거노인이 300여 명 정도 있다. 하지만 이분들을 책임질 담당자는 당신 혼자밖에 없다. 혹시 밤새 무슨 일이 없나 방문하려고 해도, 하루에 방문할 수 있는 집은 고작 5~10곳 정도다. 예산 확보는 더 이상 어렵고, 인원을 고용한다거나 아르바이트를 쓰는 방법에는 한계가 있다. 좋은 방법이 없을까?

이 문제에서 '혼자서 해결하기는 불가능하다'는 것은 중요한 제한점이 된다. 담당자가 한 명뿐인 상황에서 모든 독거노인을 커버하려면 첨단 설비나 기기를 도입해야 하는데, 그런 것들이 어르신들에게는 낯설기 때문에 해결책이 될 수 없다. 따라서 '혼자서'라는 전제를 깨고, 여러 명이 참여할 수 있는 방법을 연구해 볼 필요가 있다. 단, 참여자에게 대가를 지불하지 않고, 정부 측으로부터의 도움도 없다는 조건이다. 한마디로 돈 한 푼 없이 사람들을 동원할 방법을 찾아야 하는 것이다.

사실 불가능한 얘기다. 사람들을 움직이는 것은 '돈'이기 때문이다. 경제적 이익이 주어지지 않는다면 지속적인 돌봄이 이루어지기는 힘들다. 하지만 독거노인을 돌보는 일은 다른 어떤 것보다도 '지속성'이 가장 중요하다. 그렇다면 여기서 한 가지 생각해보자. 과연 사람을 움직이는 것이 돈뿐일까? 돈은 사람을 움직일 수 있는 즉각적이고 효율적인 수단은 될 수 있지만, '유일'한 수단은 아니다. 효율은 떨어지지만 오히려 한 번 사람을 움직이면 꾸준히 움직일 수 있는 요소가 하나 있다. 바로 '명분'이다. 다행히 독거노인을 돌보는 일은 명분을 내세우기에 좋은 활동이다. 그러므로 문제 해결의 아이디어는 명분을 가지고 사람을 움직이는 방향을 찾는 데 있다.

A. 이 문제는 노인복지를 담당하는 실무자에게 실제로 주어진 문제였다. 다행히 지금은 이 문제가 해결되었다. 이 문제에서 가장 먼저 해결해야 할 일은 '300여 명의 노인들 집에 매일 찾아가는 것'이었다. 이건 변함없이 이루어져야 하기 때문에 창의력을

적용할 여지가 없다. 그렇다면 문제는 '누가' 그 일을 하느냐다.

실제 사례에서는 매일 집집마다 찾아가는 사람들을 문제 해결 인력으로 활용했다고 한다. 바로 야쿠르트 아주머니들이다. 야쿠르트 아주머니들은 하루도 거르지 않고 집집마다 돌아다니며 배달을 하는데, 독거노인의 집이 자신이 맡은 구역 안에 있으면 그 노인을 담당하는 것이다. 아주머니들은 해당 구역에 야쿠르트를 배달하면서 노인이 잘 계신지 확인했다고 한다.

당시는 한 달에 3,000원이면 배달이 가능했기에 이런 아이디어가 나왔는데, 사실 독거노인들에게는 3,000원이란 돈도 선뜻 쓰기에 어려운 금액이었다고 한다. 그래서 지역에서 독거노인을 위한 후원 캠페인을 벌였고, 후원자들에게 한 달에 3,000원이라는 금액으로 독거노인을 후원하는 '실천하기 쉬운 착한 일'을 만들어주었다. 결국 후원하는 사람들은 한 달에 3,000원이라는 비교적 적은 금액으로 도덕적인 만족감을 느낄 수 있었고, 담당 공무원은 별도의 예산을 들이지 않고 효과적인 노인 돌봄 시스템을 구축했으며, 야쿠르트 아주머니들은 좋은 일에 일조하는 것은 물론이고 어찌되었든 매상까지 올릴 수 있었다.

Q. 300만 원으로 SF영화를 제작하려고 한다. 어떻게 제작하겠는가?

273

기본적으로 문제는 영화제작에 돈이 많이 든다는 것이다. 그중에서도 가장 돈이 많이 드는 것이 SF영화다. 우리가 아는 SF영화는 CG나 특수효과가 많이 들어가는데, 예산은 한정되어 있다. 이런 사실이 문제의 핵심이다.

주어진 돈이 300만 원이라면, 영화를 끝까지 제작하기보다는 시작점의 역할을 하는 종잣돈으로 쓴다든가, 돈이 안 드는 방향으로 짧은 SF를 찍을 수 있다. 그래서 평범한 답으로는 "300만 원으로 CG를 만들 수 있는 사람을 고용해서 간단한 줄거리와 시놉시스를 설명할 수 있는 '예고편' 같은 영상을 만들게 한다. 그리고 그 영상을 크라우딩 펀드에 올려서 투자자를 모아 본격적인 영화제작을 할 것이다" 같은 것을 들 수 있다.

A. 예산이 한정되어 있다는 전제를 깨기 위해 300만 원은 종잣돈일 뿐이고 더 큰 돈을 모집한다는 해결책은 전제를 깨는 것 같지만, 사실 '300만 원으로 제작한다'는 문제 자체에서 벗어나는 것이기도 해서 최선의 해결책이라고 할 수 없다.

그러므로 방향을 전환해서, SF영화에 대한 고정관념을 깨고 새로운 해결책을 모색해 보도록 한다. 대부분 SF영화는 CG와 특수효과로 도배하는 것이라고 생각하지만, 우주의 모습이나 우주에서 생활하는 모습, 추격 액션 신 같은 게 나오지 않는다면 굳이 CG와 특수효과를 사용하지 않고도 완성도 높은 영화를 만들 수 있다.

이를테면 사람의 얼굴만 크게 클로즈업 되는 SF멜로물이라든가, SF로맨틱코미디 같은 것이 해당된다. 그럼에도 돈이 모자라다면 SF에로영화를 만드는 걸 어떨까? 그러면 의상비까지 아낄 수 있다.

뇌섹시대 마스터 이시한의 두뇌코칭
뇌라도 섹시하게

초판 1쇄 인쇄 2015년 9월 10일
초판 1쇄 발행 2015년 9월 15일

지은이 이시한
그린이 임익종

펴낸이 김명희
기획위원 채희석
편집부장 이정은
편집 차정민, 이선아
편집 진행 박종례
디자인 섬세한 곰 김미성 www.bookdesign.xyz
마케팅 홍성우, 김정혜, 김화영

펴낸 곳 다봄
등록 2011년 1월 15일 제395-2011-000104호
주소 경기도 고양시 덕양구 고양대로 1384번길 35
전화 031-969-3073   **팩스** 02-393-3858
전자우편 dabombook@hanmail.net

ISBN 979-11-85018-28-7 03320

※ 이 도서의 국립중앙도서관 출판시도서목록(CIP)은 서지정보유통지원시스템
  홈페이지(http://seoji.nl.go.kr)와 국가자료공동목록시스템(http://www.nl.go.kr/kolisnet)에서
  이용하실 수 있습니다.(CIP제어번호: CIP2015024078)

※ 책값은 뒤표지에 표시되어 있습니다.

• 이 도서는 EOSM체를 사용하여 디자인하였습니다.